関西学院大学神学部ブックレット 13

音楽と宣教と教会

第54回神学セミナー

関西学院大学神学部◎編

水野 隆一
荒瀬 牧彦
柳本 和良
中道 基夫
加納 和寛
井上 智

キリスト新聞社

巻頭言

関西学院大学神学部ブックレットは、毎年二月に行われている「神学セミナー」の講演と礼拝を収録したものです。

この神学セミナーでは、神学的なテーマを扱って学ぶということよりも、現代において神学や教会が対峙している問題、また神学や教会自身が問われている問題を取り上げ、神学者だけではなくその問題の専門家にも話を聞き、対話をしつつ神学することを目指しています。また、教会の現場からの声も聞き、現場での具体的な神学の展開を目指すものでもあります。さらに、いったいそのテーマを礼拝としてどのように表現することができるのかを試みています。

神学部ブックレットの一つ一つのテーマの上に一つの組織だった神学があるわけではありません。一つの根本的な神学を啓発するためにセミナーを開催しているわけでもありません。むしろ、現代はそういう「the 神学」というものが崩れ去った時代であろうと思います。

かといって、もはや神学に希望がないわけではありません。むしろ神学部ブックレットの各号で扱われている課題やそれとの神学的対話が一つのタイルとなり、それが合わさってどのようなモザイク画ができ上がるのかが期待される時代なのではないでしょうか。

このような神学的な試みを、ブックレットというかたちで出版する機会を提供してくださったキリスト新聞社に感謝申し上げます。一人でも多くの方が私たちの取り組みを共有してくださり、今日における神学、教会、宣教の課題を多様な視点から共に考えていただき、新しい神学の絵を描く作業に加わっていただければ幸いです。

関西学院大学神学部

目次

主題講演

キリストはいくつにも分けられてしまったのですか（Ⅰコリ 1：13）

教会の音楽における分断は乗り越えられるのか

水野隆一

水野隆一（みずの・りゅういち）
関西学院大学神学部卒業、関西学院大学大学院神学研究科修士課程修了（1987年）。関西学院大学博士（神学）。
関西学院大学神学部教授。
著書 『アブラハム物語を読む――文芸批評的アプローチ』（新教出版社）他。

はじめに

自己紹介的導入

私は、関西学院大学神学部でヘブライ語聖書（旧約聖書）を教えています。それに加えて、「キリスト教と音楽」という授業も担当しています。中学生の頃に教会に通い始め、高校三年生の時に受洗しましたが、その間、キリスト教の音楽をレコードで聴いており、受洗を決意したきっかけには、バッハの《ヨハネ受難曲》の演奏会で感動したことがありました。

神学部入学とともに関西学院聖歌隊に入り、留学先の南メソジスト大学でもパーキンス神学院の聖歌隊（Seminary Singers）に入れてもらいました。関西学院大学神学部の教員となってからは、同聖歌隊の指導をするようになりました。関西キリスト教音楽講習会、日本賛美歌学会の運営にも携わるようになり、また、日本基督教団讃美歌委員会では、現在、委員長をしております。

「教会の音楽には分断がある」というのが、今回のテーマです。私が自分のことを最初にお話ししたのは、分断のある状況の中で、私は一つの立場にいることを告白するためです。そのため、これからお話しすることは、公平中立というわけではありません。けれども、自分の側だけが正しいという主張をするつもりはありません。分断を深めるのではなく、乗り越えたいと願いつつお話しするつもりです。また、ここに述べることは、関西学院大学神学部を代表する意見でもありませんし、日本基督教団讃美歌委員会の公式見解でもないことを、お断りしておきます。

「分断」の存在

現在アメリカを中心に「ワーシップ・ウォーズ」（「礼拝をめぐる戦争」）と呼ばれるものがあります。トラディショナルなスタイルで伝統的な賛美歌を歌う礼拝と、コンテンポラリーなスタイルでコンテンポラリーな音楽を歌う礼拝、この二つの間の「戦争」があるというのです。このことについては、後で詳しく見ることにします。

日本でも、教会の音楽についていくつかの分断が存在していると考えています。よく教会で聞くことですが、「心からの賛美をささげる」ということと「良い音楽を選ぶ、良い演奏をする」ことが、しばしば対立項として議論されます。

ある日曜日のこと、その日の礼拝のために、聖書や説教の内容に関連して、深みのある詞の賛美歌が選ばれていました。私は、説教だけでなくそれらの賛美歌を通して伝わってきたメッセージに感動していたのですが、これに対して、ある出席者が「こんな難しい歌を歌っていては、若者は来ない」との批判を、私に向かって語ったのです。「では、どんな歌がいいのですか」とたずねると、「〈ゴスペル〉をやるべきだ」と言ったのです（ここでの〈ゴスペル〉はあくまでも、その人の中でそう認識されているものなので、括弧を付けています）。「難しい歌」とは、その人にとっての「難しい歌」なのですが、その対極には「分かりやすい歌」があるという考えです。

日本基督教団に関して言えば、礼拝で使用する歌集における相違と分断は小さくありません。また、礼拝での音楽と礼拝以外の歌との間に分断があります。若者と高齢者の間にもギャップがあります。そして先ほど申し上げたトラディショナルな礼拝音楽とコンテンポラリーな礼拝音楽との間に分断があります。そして、私が見るところ最も深刻なのが、教会の音楽に関心のある教会員と関心のない教会員との間の分断です。

“Taste”の問題

アメリカのキリスト教音楽研究者であるフランク・バーチ・ブラウンは、二〇〇〇年に“*Good Taste, Bad Taste, and Christian Taste: Aesthetics in Religious Life*”と題する本を出版しています。タイトルにあり、また、この本全体のテーマでもある“taste”という単語の翻訳が難しいのですが、日本語で言うと「センス」「審美眼」「様式」、これら全部を含む用語です。礼拝の中での音楽の“taste”がどのようなものであり、またどのようなものであるべきかと問うのは、神学的であると同時に倫理的な問であると、ブラウンは言っています。

美学上の用語ですが、一つの芸術作品について私たちが判断する時に「類化（apperception：新しい知識などをそれまでの知識によって自分のものにすること）」「鑑賞」「評価」という過程があると考えられています。

新しい音楽に触れたとします。その音楽についての第一印象は、私がそれまでに持っていた知識によって判断されます。これが「類化」です。その次に、じっくりとその音楽について取り組む、つまり、「鑑賞」する。その後に、「評価」がやってきます。このように段階的に書いていますが、多くの場合すべてのことが一瞬で起きます。一方、何度も繰り返して経験すると、こういう段階を踏むことになりますし、そのように時間をかければ、同じ音楽も、ひょっとすると最初の「類化」によって受け止めた際とは違うものとして受け取ることが可能になるかもしれません。

このような“taste”の違いには、社会的、文化的、政治的、そして、共同体的な要素がどうしても含まれます。ブラウンも言っていますが、私たちが価値の創造、あるいは価値を持つというプロセスも同様です。最初に少し長めの自己紹介をしましたのも、私がどういう経歴で私の知識を現在持つに至ったかということをお話ししたかったからですし、それは同時に、私という存在が、受けてきた教育、私が接したもの、芸術、特に音楽によって形作られてきたことをお話ししたかったからです。

このようなことをわざわざ言うのは、すべての立場を相対化するためです。「相対化」という言葉に反応される方がいるかもしれませんが、「絶対的なものは存在しない」ということは、絶対的な判断は存在しない、言い換えるなら、教会の礼拝に絶対的に用いるべき音楽はないということです。また反対に、教会の礼拝で絶対的に用いてはならない音楽もないということです。ですからここでも、私は絶対の答えを言わないことになります。

1　さまざまな「分断」

(1)音楽界と教会の無関心

こういう分断の中で、音楽界と教会の分断について見ておきたいと思います。

一般の合唱団でも、人数も増えてきて、実力がついてくると、モーツァルトの《レクイエム》や、バッハの《ロ短調ミサ》、ヘンデルの《メサイア》といった、いわゆる宗教曲を必ず取り上げるようになります。

『モーストリー・クラシック』という、クラシック音楽の雑誌がありますが、二〇二〇年二月号は、「音楽になったイエス・キリスト」という特集を組んでいます。執筆者も、金澤正剛はじめ、専門家が多く、一部に、少し古い、通念的なことが書かれてある記事もありますが、全体に質の高いものになっています。

日本には、キリスト教の音楽を演奏する、世界的に有名な団体があります。鈴木雅明が指導するバッハ・コレギウム・ジャパンは、今や世界一のバッハ演奏団体だと認められるようになっています。鈴木は日本キリスト改革派教会の信徒で、同教会がジュネーヴ詩編歌の日本語版を編纂する際に尽力しました。バッハ・コレギウム・ジャパンの聴衆は、ほとんど、教会に通っている人ではありません。しかし、演奏会のチケットはすぐに売り切れます。チケットを買った人における、クリスチャンの比率はどれくらいでしょうか。おそらくは、日本の人口におけるクリスチャンの比率と大きく変わらないと思います。

では、このような伝統的な宗教音楽について、教会の中でどれほど関心があるでしょうか。私がクラシックの宗教音楽を聴き始めたのは、教会に行き始めたからでした。私が洗礼を受けた教会は礼拝出席者が二〇～三〇人の小さな教会だったこともあり、クラシックの宗教音楽に関心を持っている人はほとんどいませんでした。こうした状況は今もそれほど変わらないように思います。

ですから、特にクラシック音楽の訓練を受けた方は、教会の中で、ある意味、孤軍奮闘しておられ、その奮闘はなかなか受け入れられない状況があるのではないかと思います。もちろん、このことを言うのには大きな問題があることを認識しています。つまり、クラシック音楽を知っている者の立場から発言している、そこに、「教養主義」「エリート主義」が存在するという問題です。私は、最初から申し上げているとおり、こちらの立場にいるわけです。

このような立場には、「反知性主義」が対置されるかもしれません。注意したいのは、「反知性主義」という言葉が、「教養のない」人を「下に見る」表現ではないということです。「反知性主義」とは、アメリカのキリスト教で起きた、知的権威やエリートに対して懐疑的な立場を取る思想のことです。エリートや知的な権威だけが、聖書の言葉を解釈し、教会の教えをリードするべきだという立場に対して、「そうではない」と異議申し立てをしたのが反知性主義なのです。

ですから、「反知性主義」にそもそも悪い意味はありませんし、日本のプロテスタント教会には、良い意味で、この反知性主義的態度が見受けられると思います。最初にお話しした、「良い演奏」に「心からの賛美をささげる」ことを対置したり、「分かりやすい歌」を選ぶべきだと考えることなどは、そのように自覚してではないでしょうが、この反知性主義的な立場からの認識、発言だと考えられます。私は、音楽界と教会における音楽の分断は、「教養主義」と「反知性主義」との違いによる分断であると考えています。

(2)歌集の違いと礼拝のスタイル

礼拝のスタイル

アメリカの牧師で礼拝学者のポール・バスデンは、『現在の礼拝スタイル――その多様性と選択を考える』の中で、現在行われている礼拝は次の五つのスタイルに分類できるとしています。

- リタージカル・スタイル：カトリック、聖公会、ルーテル教会のハイチャーチ
- トラディショナル・スタイル：主流派（長老派、会衆派、メソジストの大部分）
- リヴァイヴァリスト・スタイル：（＝フロンティア型）黒人教会など
  悔い改めへの呼びかけの非常に強い礼拝で、歌も説教も悔い改めへ向けられており、赦された者の賛美を強調する礼拝
- プレイズ・アンド・ワーシップ・スタイル：現代で重要になりつつあるスタイル
- シーカー・サービス・スタイル：信仰を尋ね求める人（シーカー）に向けた礼拝

この分類に基づくと、宣教師たちが日本に来た際、彼らが持ち込んだ礼拝と歌はリヴァイヴァリスト・スタイルのものであったと言えます。日本にやってきたアメリカからの宣教師のほとんどは「フロンティア型」（ホワイト）の礼拝で心を燃やされ、「誰か海外宣教に行くものはいないか」と言われた時に手をあげた人たちだったからです。彼らは自分たちが心を燃やされたその礼

拝を日本へ持ってきたのでした。『讃美歌』一九〇三年版は、リヴァイヴァリスト・スタイルの礼拝で用いられる歌を、多く収めてます。

ところが、戦後は大きく潮流が変わり、『讃美歌』一九五四年版はトラディショナル・スタイルの礼拝を志向する歌集になりました。トラディショナル・スタイルは、一九五〇年代のアメリカの長老派やメソジストなどにおける礼拝のスタイルです。今も日本基督教団の礼拝の多くがこのトラディショナル・スタイルではないかと思います。

一九五四年版には、リヴァイヴァリスト・スタイルの歌、つまり繰り返しを伴う「福音唱歌（ゴスペルソング）」と呼ばれるタイプの歌も入っていますが、それらの多くは「雑」（のちに「その他」）という項目に入れられています。この分類は、一九五四年版が、リヴァイヴァリスト・スタイルからトラディショナル・スタイルへの転換を目指していることを、よく表していると考えられます。

これに対して、ホーリネス系の中田羽後は一九五八年に『聖歌』（日本福音連盟発行）を編集します。『聖歌』を採用した教会は、リヴァイヴァリスト・スタイルの礼拝を守り続けたと言ってよいと思います。もっとも、中田が、『聖歌』にジュネーヴ詩編歌や、トラディショナル・スタイルの礼拝で歌われる賛美歌（中田は「英米標準賛美歌」と呼んでいます）を加え、これらを重視していたことは、序文を読めば明らかです。けれども、おそらくは中田の思いとは裏腹に、『聖歌』を使う教会でジュネーブ詩編歌が歌われることは少ないのではないかと思われます。

最初に今日のアメリカにおける「ワーシップ・ウォーズ」について述べましたが、一九五〇年代の「ワーシップ・ウォーズ」は、トラディショナル・スタイルへの移行か、それとも従来のリヴァイヴァリスト・スタイルでいくのかということが焦点でした。一九五九年発行の『日本基督教団口語式文』は、「主日礼拝順序Ⅰ」として、トラディショナル・スタイルの礼拝を最初に挙げています。

『讃美歌21』とリタージカル・スタイル

ところが、一九九七年に出された『讃美歌21』は、トラディショナル・スタイルから、リタージカル・スタイルへの大きな転換を図りました。それは「Ⅰ　礼拝」の項目を見ても明らかです。リタージカルな礼拝で歌われる「キリエ」「グローリア」「サンクトゥス」「アニュス・デイ」の歌が含まれており、この傾向をはっきりと見て取れます。もちろん、トラディショナル・スタイルを全て否定したわけではないのですが、軸足としてはリタージカル・スタイルに重心が移ったと言えます。これを歓迎するか、それとも、トラディショナル・スタイルの視点から『讃美歌21』を批判するか、というところで「分断」が生じるように思います。

『讃美歌21』が出版される七年前、一九九〇年に出された『新しい式文――試案と解説』では、リタージカル・スタイルの礼拝を第一の礼拝としています。また、『讃美歌21』出版後の二〇〇六年、『日本基督教団式文（試用版）』が出版されましたが、こちらもリタージカル・スタイルの礼拝を、「主日礼拝式A」として、最初に挙げています。特に『試用版』に関して言えば、『讃美歌21』に追随したと言っていいと思います。随所に「ここで歌う歌は」と『讃美歌21』の番号が挙げられているからです。このように、歌集だけではなく、礼拝式文もリタージカルな方向へ舵を切ったと言えます。

ただ現在、『讃美歌21』を使っている日本基督教団の教会の中で、礼拝をリタージカル・スタイルへと大きく変更させた教会は少ないのではないかと思います。そういう意味では『讃美歌21』の提起したものは、まだそれほど浸透していないと思われます。

これは世界的な動きと連動しています。一九四〇―五〇年代、特にアメリカではリヴァイヴァリスト・スタイルの礼拝からトラディショナル・スタイルへの移行が目に見えて行われ、さらに一九八〇年代以降はリタージカル・スタイルの礼拝への移行が顕著になってきました。

現在、アメリカにおける「ワーシップ・ウォーズ」は、トラディショナル・スタイルの礼拝かプレイズ&ワーシップ・スタイルの礼拝かという選択が主となっています。ところが、リタージカル・スタイルの礼拝では、ほぼ問題なくプレイズ&ワーシップの歌を歌うことができるため、両者の「争い」は顕在化しにくいかもしれません。

リタージカル・スタイルの礼拝の許容力は注目すべきであると思います。私は、二〇一九年七月にドイツで行われた賛美歌学会に出席しましたが、後期ゴシックの礼拝堂には何が入っても大丈夫なのかもしれないという感触を持って帰ってきました。現代彫刻を置いても、アフリカの歌を歌っても違和感がない。同様の「許容力」がリタージカル・スタイルの礼拝にはあるように思います。

(3)音楽における神学――「わが魂を愛するイェスよ」を例に

ここで、音楽に「神学」はあるのか、音楽は「神学」を表すのかということについて、チャールズ・ウェスレー作詞の「わが魂を愛するイェスよ（Jesus, Lover of My Soul）」（『讃美歌21』四五六）を例に取り上げて考えてみたいと思います。

『讃美歌21』の日本語詞は、皆さんよくご存じだと思いますが、もとの英語の歌詞では、イエスを“lover”と呼んでいます。私は、ここにアビラのテレジアや十字架のヨハネのような、神秘主義的なものを感じます。そのようなイエスに対する「親密な愛」としか呼べないような感情が歌われています。

一方で、生活における苦難も歌われていて、「イエスのもとにしか隠れ家はない、だからこそ私を守ってください」という嘆願がささげられています。さらに四節で、これはウェスレーの神学をよく表していると感じますが、私を「純粋（“pure”）」な存在にしてくださいという祈りがあり、永遠に至るまで引き上げられたいという願いが歌われています。この歌詞が、四つの曲、演奏スタイルと組み合わされた時、それぞれどのように伝わるかを考えたいと思います（それぞれの曲が聴ける YouTube の URL を記しています。このうち、REFUGE については、当日聴いたのと同じ独唱・重唱スタイルの演奏を見つけられなかったために、合唱による演奏を上げてあります）。

(1) MARTYN: Simeon Butler Marsh 作曲（『讃美歌21』四五六、『讃美歌』一九五四年版二七三

A）
https://www.youtube.com/watch?v=Kr_Ao0tQCA0&t=4s

⑵ REFUGE: Joseph Perry Holbrook 作曲（『讃美歌』一九五四年版二七三B）
https://www.youtube.com/watch?v=3Hb_rf4O2Xk

⑶ ABERYSTWYTH: Joseph Parry 作曲（『讃美歌21』九五曲。Singing the Faith #355i；The United Methodist Hymnal #479） https://www.youtube.com/watch?v=wKnq7nVCcKk

⑷ ブラック・ゴスペル：Edwin Hawkins 作曲
https://www.youtube.com/watch?v=Ff7YggqpRSg

※英語圏では、賛美歌で用いられる曲に名前を付けて、曲名（tune name）をすべて大文字で記す習慣になっています。

四つはそれぞれ、音楽的にも演奏の面でも全く違います。ここにお集まりの皆さんの、類化と鑑賞と評価をお聞きしたいと思います。

⑴は皆でそれぞれの声を聴きながら、声をそろえる、共に歌う感覚を感じました。⑵は聞く側面が強くて、美しいと思いました。⑶は、美しさと同時に、音楽的に高いセンスを強く感じました。最後は好みもあると思いますが、自分の生活の中で生まれた神様への願いや希望、訴えかけの感情的なものを体全体で生き生きと感じました。

ありがとうございます。とても大切なことをお話しくださったと思います。洗練されていることと体感的なことは、ともすれば、対立概念のように感じられます。また、共に歌うことと聞くことという、大切な違いについて述べていただきました。他にはいかがでしょうか。

『日本聖公会聖歌集』では⑵が収録されていますが、聖公会の礼拝の雰囲気には⑶が馴染むように感じました。私はどうしても礼拝の中でゴスペルを歌うことに抵抗があります。四曲ともすべて英語で歌われているという意味で、私にとっては異なる世界の賛美にもかかわらず、なぜこのように受け入れやすいものと受け入れにくいものがあるのか、と感じながら聞きました。

ありがとうございます。まさに今回のテーマと合致している感想を言っていただいたと思います。礼拝で歌う歌とは何か。非常に大切な点を語っていただきました。他にあるでしょうか。

一番馴染みやすかったのは⑴でした。歌詞が聞きやすく受け取りやすいです。歌うにも聞くにも、歌詞を味わいやすい点がいいと思います。私の出席している教会の礼拝では、音楽にはあまり重点が置かれていないように感じます。仮に音楽性を追求するとしても、自分が賛美することとつながらないので、抵抗があります。⑵と⑶は、ふだんの生活で聞くのはいいのですが、礼拝の中で聞くとしたらどうだろうと疑問を感じました。最後のゴスペルは、歌詞を味わうというより、礼拝の中で歌われることで私自身が心を合わすことができるだろう、と思いました。賛美という意味ではよかったです。

今、続けてお二人の方からうかがったのは、やはり自分の体験、バックグラウンドですね。先ほど、「分断」についてお話しした際に触れた、共同体的な性格、それは社会的なもの、文化的なものとも関係しますが、それらが如実に現れていたように思います。ちなみに、私が洗礼を受けた教会では、必ず⑵でした。私はテナーのパートでこれを歌うと、テナーで歌っていた中学、高校の頃を思い出します。

それでは、それぞれの曲で聞いた時、歌詞のどの部分が一番伝わってきましたか。そのような観点から教会音楽を考えたことがあるでしょうか。曲の違いによって何を感じられましたか。

私の個人的な感想を申し上げます。⑴で私が感じたことは、ハーモニーの美しさと、耳を澄ませて他の人と一緒に声を合わせて歌うところの両方に、非常に強い共同体性を感じます。それによって表されるのは揺るがない信頼、このような、切実な、しかし、個人的な祈り――「私は今苦しいのです」という祈り――をささげてもいいのだという信頼感です。そして、同時に、その祈りはもうすでに聞かれているという確信を感じることができると思います。

⑵は、歌詞を変えるとそのままオペラの中のデュエットとして使うこともできるでしょう。つまり男女の愛になぞらえてイエスの愛を表現しているのです。アビラのテレジアや十字架のヨハ

ネが、結婚の比喩で神との合一を表現した思想に近いものを感じます。その愛は人間的にも心地良い、溢れるばかりの愛情です。

私は⑶を聴くと、「洗練された」という印象を持ちます。このメロディーは、⑵とは対極的に、短調であることもあり、困難を訴える声の強さを感じます。「私は今、逆巻く嵐の中にいるのです」と訴える危機、危難を訴える音楽に聞こえますが、同時に、短調であるがゆえの「ゆるぎなさ」も感じます。

⑷は、これを叫ばずにはいられない黒人の状況が目の前に浮かんでくるように思います。

これらはあくまでも私の感想ですが、同じ歌詞に違う曲を当てはめることで、これほどまでに、表現されるものが、そして、受け取るものが変わってくるのです。

ちなみに、⑶の“ABERYSTWYTH”が、イギリス・メソジスト教会の賛美歌集“*Singing the Faith*”、アメリカ合同メソジスト教会の賛美歌集“*The United Methodist Hymnal*”の両方に採用されています。つまり、アメリカとイギリスのメソジスト教会がこの歌詞にどの曲をつけるかという問いに対し、一致してABERYSTWYTHを当てているのです。これは興味深いことです。私としては、この詞の持つ豊かな内容を表現するために、賛美歌集には複数の曲を載せてほしいと思います。“ABERYSTWYTH”は、ぜひ、“Jesus, Lover of My Soul”との組み合せでも載せてほしいと思います。『讃美歌』一九五四年版には⑴と⑵の二つが掲載されていました。また、『讃美歌』一九三一年版には、John Bacchus Dykes作曲の“HOLLINGSIDE”も載せられていました（264B）。

(4)礼拝での音楽と礼拝以外の歌

感想を言ってくださった方の発言にもありましたが、私たちは、どこかで、礼拝の中で歌われる歌と礼拝の外で歌う歌を分けているように感じます。教会の音楽を巡る「分断」の一つです。ジャン・カルヴァンは、ジュネーヴ詩編歌を家庭でも歌うように推奨していました。その時は教会で歌うように無伴奏ユニゾンではなく、楽器を入れてもいいし、パートで歌ってもいいとしていきます。留学時代、私が住んでいた寮の隣室には、六〇歳を超えた黒人の女性二人が住んでいました。彼女たちは、その日嬉しいことがあっても、落ち込むことがあっても、あるいはキッチンでフライドチキンを揚げながらでも、アフリカン・アメリカン・スピリチュアル（黒人霊歌）を歌うのです。

私たちの間にある、礼拝とそれ以外の場面といった分断も小さくはありません。礼拝で歌う歌を、家でも、悲しい時に、嬉しい時に歌っているでしょうか。

(5)コンテンポラリーな礼拝・音楽

世代間の違い

さらに深刻なのは、世代間の分断です。世代を超える共通の知識や文化が失われていることは、多くの人が嘆き悲しんでいることです。だからといって、私は「日本の伝統」に戻ろうと言うつもりはありません。しかし、世代を超える共通の知識文化、認識というものが失われていることは、大学で教えている中で、毎年感じさせられます。これは伝わるだろうと思って使った比喩が伝わらないことがあります。読み、聞き、触れてきたものが大きく異なり、それを完全に共有することは難しいものになっているのです。

最初にも言いましたが、私たちの好みやセンスや審美眼、つまり"taste"は、これまでに私たちが接し、感じてきたものによって培われています。これらを総称して「教養」と呼んでもいいと思います。あるいは「前理解」とでも言うべきものが培われているのですが、これまでに触れてきたものによって養われてきて、現在ここに至っているのです。そして、このセンスの問題には、この今まで触れてきたもの全部が関わります。私たちが礼拝その他で、ある音楽に触れた時、「これはふさわしくない」「これは受け入れられる」「これは素晴らしい」と判断するのは、それまで触れてきたものに基づいています。ですから、前理解は、気をつけなければ偏見を生み出すことになります。したがって、前理解を「予断」と言っても良いと思います。予断をなくすことなど私たちにはできません。これは絶望的な発言のようですが、これを認めなければ前に進めないので、このように申し上げておきます。

ただ、新たな経験によってその予断、前理解は変更され、広げられていく可能性があることは指摘しておきたいと思います。最初に申し上げましたように、私は関西学院聖歌隊という大学生合唱団の指導をしています。毎年、学生たちと今年は何を歌おうかという相談をするのですが、今年は、二〇一八年に作曲された"Leonard Enns"《Missa Brevis》を提案しました。その中の〈栄光の賛歌〉Gloriaは、次のような曲です（https://www.youtube.com/watch?v=WZ1MFbfpOQE）。

選曲のために集まった学生たちの中に、キリスト教主義学校出身者はいましたが、クリスチャンはいませんでした。吹奏楽経験者はいましたが、それ以外に、クラシック音楽のトレーニングを受けた者はいませんでした。ところが、みなこのミサ曲に感銘を受け、歌うことに賛成してくれました。私のような一風変わった指揮者のもとで何年間か合唱経験を積むと、コンテンポラリーではない、洗練された、高度な、クラシカルな音楽を聴いて、美しいと思うようになるのです。経験によって“taste”が形づくられるということの、一つの例だと言えます。

もちろん、そこに教養主義、エリート主義の要素があるのは否めません。ミサ曲のような複雑で高度な合唱曲は、かなりの練習を必要とします。学ばなければならないもの、あるいは、ある種の知識を必要とする音楽です。そういうものを避ける傾向が、今、私たちの教会にはないでしょうか。より分かりやすいもの、より直感的に受け入れられるものというものを求める傾向はないでしょうか。それは時に、「慣れ親しんだもの」というだけの理由であるかもしれません。それは、世代と関係ないように思うのです。別に若い人がそうだからというよりは、むしろ、全体的に、私たちの教会がそういった状況になっていると感じています。

ヒルソング教会における音楽

今、最も世界で聞かれ、歌われているキリスト教の歌は、オーストラリアのヒルソング教会（Hillsong Church）のものだと思います。YouTube にはこのヒルソングのグループの映像がいくつもアップされています。ヒルソング教会は自分たちのことを“Christ-centered”（キリスト中心的）、“Bible-based”（聖書に基づいた）、“contemporary”（現代的な）と呼んでいます。

ヒルソング教会には、Hillsong Worship、Hillsong United、Hillsong Young and Free という三つのグループがあって、音楽をリードしています。ヒルソングの音楽については、先ほどお話ししたドイツでの賛美歌学会でも、ハンガリーのカトリック教会でずいぶんと歌われるようになっているという報告を聞きました。

この講演の準備のために、YouTube に上げられている曲をたくさん聞きました。そしてそのクオリティの高さに驚かされました。演奏の技術は高く、歌い手たちも素晴らしいと思いました。音響機器やステージにもお金をかけて、素晴らしいものを使っています。

例外的な曲もありますが、全体を通して言えるのは、Aメロ・Bメロ・コーラスという、今の若い世代に身近な形式で作られていて、コーラスはみんなが歌いやすいように作られています。歌詞を見ると、「I－You」で語られる親密な関係が強調されています。そして歌詞の中には、私が反対しなければならない神学は書かれていません。

例えば、現在コンテンポラリー・クリスチャン・ミュージックのチャートのトップを走っている“Oceans”という曲を聴いてみましょう（https://www.youtube.com/watch?v=PfpEefKiG2I）。

最初に感じたのは、この詞には“Jesus, Lover of My Soul”と似た響きがあるということです。この“Oceans”は、湖の上を歩いて近づいてきたイエスのところに、ペトロが「では私も行きます」と行ったのはよいが溺れかけたエピソード（マタイ一四・二二―三三）が元になっています。先ほどの“Jesus, Lover of My Soul”もその箇所が元になって書かれています。

次に、“See The Light”という曲を聴きましょう（https://www.youtube.com/watch?v=30zWND-MWkM）。

歌詞を見ると、「生きているのはもはや私ではなくて、十字架の上で私たちはこれらのものをすべて塵芥のように思うようになった」というガラテヤの信徒への手紙六章一四節の言葉が聞こえます。賛美歌との関連で言えば、アイザック・ウォッツの“When I Survey the Wondrous Cross”（『讃美歌21』二九七）というよく知られた詞を思い起こさせる歌詞が随所にあります。聖書や祈りや賛美歌の歌詞などから「パスティーシュ」、さまざまな場所から引用する書き方がされていますので、神学的に反対すべきことは書かれていません。

ところが、すべての曲がこのような聖書の引用、イエスとの近い関係を表現することになった時に、キリスト教信仰の中の「ある部分」が置き去りにされていないか、語られるべきなのに語られていないことはないのか、という疑問を持ちます。“See The Light”では、「私は罪の内に死んでいた」と言っていますが、そこからどうしたら新たな命に移って行けるのかということについては、一言も触れられていません。「あなたはそれを破棄された」とだけ言います。伝統的な神学では必須とされる「悔い改め」については一言も言及されない。そんなことを言っていては「若い人が来ない」からなのでしょうか。

ヒルソングの音楽は良い意味で感覚的です。また大衆性があります。これまでのキリスト教の歴史に照らして言うと、伝統的ではありません。教養主義的ではありませんし、エリート主義的でもありません。ヒルソングの音楽は、もっとダイレクトに、「心で感じろ」という反知性主義的なところがあります。

そして、「コンテンポラリー・クリスチャン・ミュージック」に分類されていますが、音楽的には「コンテンポラリー」ではありません。二〇年ぐらい前に、ポピュラーミュージックで流行った語法で書かれています。つまり、ここで今熱狂している人たちが、子どもの頃から聞いてきた音楽の語法で書いているのです。彼らが経験してきたもので書かれていますから、彼らは自然に受け入れることができます。"taste"についての指摘を思い出していただければと思います。

もう一つの特徴が、どれも「同じである」ことです。短調の曲はほとんどありません。さらに、これは深読みしすぎかもしれませんが、YouTubeの"See The Light"のライブ映像を見ていると、リードボーカルが途中で女性から男性に交代します。後半でリードボーカルになる男性は最初、ボイスパーカッションをしていた人でした。これには、神学的な含意を読みとってしまいました。非常に伝統主義的、男性優位主義的な交替だと感じました。これが一番大きい違和感でしょうか。

2　宣教と音楽の関係

「宣教のための音楽」

今回の神学セミナーは、「音楽と礼拝と宣教」がテーマとされています。音楽は宣教のためのものか、という問いに対する答えは、いろんな答え方があると思います。「イエス」とも答えられるし、「ノー」とも答えられますが、最初に申し上げた私の自己紹介からしますと、どちらかと言えば「ノー」と答えるのが、私の心のあり方です。なぜかと言うと、音楽は、音楽そのものに価値があるからです。言い換えるなら、「宣教のために」用いられなければ価値がない、あるいは認められないようなものではない、と私は思っているからです。

同じようなことを、ミュージシャンの坂本龍一さんが二〇二〇年二月二日付の朝日新聞朝刊で述べていました（「『音楽の力』は一番嫌いな言葉――坂本龍一が抱くトラウマ」)。「『この音楽には、絶対的に癒しの力がある』みたいな物理的なものではない。音楽を使ってとか、音楽にメッセージを込めてとか、音楽の社会利用、政治利用が僕は本当に嫌いです」。こころから、「アーメン」と応えます。

しかし、ある音楽を演奏することは、先に引用したブラウンが言うように、神学的、倫理的なステートメントです。それは、社会的でもあるし、文化的でもあるし、政治的でもあります。ある音楽を演奏することと政治性は、坂本さんの主張とは異なり、簡単には切り分けられない。演奏することで、音楽は、必然的に、政治的メッセージを持つのです。私たちがそれにあまり気づいていないだけのことです。その意味では、音楽は宣教のためのものかと言われれば、「イエス」になります。

もう一つ強調しておきたいことですが、音楽そのものの価値には、サクラメンタルなものが含まれるという主張に私は同意します。音楽が「美」であるがゆえに、究極の美である「神」を指し示している。キリスト教の音楽であろうとなかろうと。この美学的・神学的なステートメントに、私は満身の力で「アーメン」と答えます。音楽の真の価値は利用という次元でとらえられるべきではないと考えています。

「宣教のための音楽」という問に「イエス」と答えた場合も問題があります。「宣教」とはなんでしょうか。実はこれが一番大きな問題だと思います。教会に来る人が増えること、洗礼を受ける人の数が増えること、でしょうか。もちろんそれらは大事なことです。教会に来てくれたら、来てもらえたら、伝えることが伝えられるようになりますから。来てもらうのは大事ですが、「それだけ」でしょうか。私たちが今日取り組まなければならない宣教の課題とは何なのでしょうか。

宣教の課題

「慰め」「癒し」——承認・肯定感

日本の若い世代は、自己肯定感が低いと指摘されています。その人々に向かって、慰めや癒し、承認や肯定を語ることが、宣教として意味があるということは理解できます。それはしなければならないと思います。ヒルソングの歌や「コンテンポラリー・クリスチャン・ミュージック」と呼ばれるものは、この点に力点があるように感じます。しかし、そのことだけに焦点を当てるのは十分でないように思います。若い世代の自己肯定感が低い理由は、この社会における正義や平和の問題と切り離せないのではないかと考えるのです。ヒルソングの歌はこの問題性と結びついていません。おそらくは、彼らのペンテコステ派の信仰では、そういった問題と信仰を切り離すことが一般的な理解なのだと思います。

社会正義・平和

一九五八年に書かれた“O God of the Every Nation”という詞が、『讃美歌21』に新しい訳で載せられることになりました（五六二番）。これはアメリカではどの歌集にも載るスタンダードな賛美歌ですが、私は最初、『讃美歌21』日本語詞の二節を読んだ時に、ちょっときつすぎるのではないかと思いました。「富と権力と不正と虚偽、無差別攻撃、人種差別、身分・階級の抑圧より救ってください、永遠の主よ」。このような政治的なことばを賛美歌に載せて歌うことに対して、『讃美歌21』が一九九七年に出された当初は、違和感を抱いていました。しかし、二〇二〇年現在、日本の社会と世界を取り巻く状況は、まさにここに書かれている言葉で表される状況に思えるのです。一九九七年の時点で、よくこの歌詞を書いたと驚かされます。「不正と虚偽」。まさに現在国会で、予算委員会でやり取りされていることだと感じるのです。もちろん、これにはさまざまなご意見もたくさんあるでしょう。あくまで私の意見です。

社会における和解・多様性

多様性を認め合うということについて、私たちはどれほどのことを歌ってきたでしょうか。一九八〇年代に「私たちの健康、キリスト（Christ Our Health）」と題された賛美歌が発表されました。この歌詞は副題が「エイズによって影響を受けている人たちのための賛美歌」です（三四一三五頁参照）。

キリストを“health”（「健康」）と呼ぶのは、英語の賛美歌詞としてはそんなに珍しいことではありません。この歌詞が特異なのは、「キリストは私たちの確かな免疫（Christ our sure immunity）」と呼ぶことです。辞書で確認しましたが、“immunity”は、間違いなく「免疫」です。免疫不全症候群にかかっている人たちのために書いた詞の中で、「キリストは私たちの確かな免疫」と言うのです。

当時、エイズは「死に至る病」でした（今では、治療法の進歩により、日常生活を送ることが可能になっています）。その人たちのためにこのような詞が書かれていたことを私は知りませんでした。一方、当時のキリスト教会の中には、「エイズは同性愛に対する神からの罰である」と公言してはばからない教会があったことも事実です。

この詞を知ったのは、二〇一九年にアメリカの賛美歌学会が出した、“*Songs for the Holy Other*”という歌集に載せられていたからです。

この歌集が公表されるに至った背景について、述べておきます。二〇一九年、アメリカのメソジスト教会は、性的少数者は教職になれないという決議をしてしまいました。それを受けてアメリカの賛美歌学会は、この“*Songs for the Holy Other: Hymns Affirming the LGBTQIA2S+ Community*”という歌集をインターネット上で公開したのです（https://thehymnsociety.org/resources/songs-for-the-holy-other/）。この歌集は、「LGBTQIA2S+」と表現されている性的少数者とその「アライ」が、「隔ての壁」を取り壊すための賛美歌が収められた「道具箱」

(“toolbox”）となることを目的としていると記されています。

この中にはCarl P. Daw, Jr.という、現在も指導的な立場にある賛美歌作家が書いた“All the Colors of the Rainbow”と題する、真の多様性がある時に教会は教会であることができる、と歌う歌も掲載されています（三六―三七頁参照）。

天災・気候変動

私は常日頃、地震や津波、火山の噴火などの災害についての賛美歌は、地震や津波、火山の噴火を経験する、この地に住む人が書かなければならないと思い、そう言ってきました。ただ、誰かが書いてくれればと思っていました。しかし、人任せではいけない、誰かが先鞭をつければもっと良いものが後に続いてくれるかもしれないと思うようになりまして、「この地で生きる」という詞を書きました（三八頁参照）。

これは、必ずしも天災についての神学的な考察になっているわけではありません。この地で生きている中で私たちが出会う地震や津波、火山が私の生活を築き上げると同時に、私たちの生活を壊していくものでもあるということを、ただ歌っています。最後に列王記上一九章を念頭に、これらの天災の中ではなくて、天災の後に、小さな静かな声を聞きたい、という祈りの言葉を付け加えて書きました。これを二〇一九年のキリスト教音楽講習会Aコースで紹介したところ、三人の方が曲をつけてくださいました（曲については、拙稿「賛美歌「この地で生きる」が生まれるまで」をご覧ください）。

cleansed and filled with wine instead.
In this sacrament be spoken
words of solace still unsaid.

4. Christ for now and Christ for ages,
Christ who lives in plague and pain,
Christ upon a cross, courageous,
Christ who died shall ever reign,
Christ alive and Christ contagious,
Christ, Omega, come again.

5. Christ our health and Christ our healing,
Christ our struggle yet to be.
Christ our font of faith and feeling,
Christ our final victory,
Christ our love, to life appealing,
Christ our sure immunity.

それを清め、ぶどう酒で満たしてください。
この聖礼典において、まだ語られていない
慰めの言葉が語られますように。

キリストは現在、キリストは過去、
伝染病と痛みの中に生きるキリスト、
十字架にかけられた、勇気あるキリスト、
死んだが、永遠に支配するキリスト、
生きているキリスト、伝染性のあるキリスト、
キリスト、オメガ、再び来てください。

キリストは私たちの健康、私たちの癒し、
キリストはまだない〔生のための〕たたかい、
キリストは信仰と感情の源、
キリストは私たちの最終的な勝利、
キリストは愛、命に訴えかける、
キリストは私たちの確かな免疫。

（訳：水野隆一）

Christ Our Health: A Hymn for Those Afflicted by AIDS by Edward Moran

1. Christ our health and Christ our healing,	私たちの健康、私たちの癒しである、キリスト、
hear our brothers', sisters' plea	私たちの兄弟たち、姉妹たちの願いを聞いてください。
Firm us up in faith and feeling,	信仰と感情において私たちを確かなものとし、
set our bodies, spirits free.	私たちの体も、精神も自由にしてください。
Luster to all flesh revealing	すべて肉なる者に輝き、示してください、
Christ our sure immunity.	私たちの確かな免疫であるキリストを。
2. Yea, though pain and plague afflict us,	そうです､私たちを悩ます痛みと伝染病によって、
death surround us like a shroud.	死は、私たちを屍衣のように囲んでいます。
Christ and Christ alone infect us,	キリストが、キリストだけが私たちに感染し、
till our lives be Christ-endowed.	私たちの生が、キリストにささげられたものとなるように。
From our fears now resurrect us,	死から私たちを復活させ、
lead us forth in fire and cloud.	火と雲で私たちを導いてください。
3. Take our bodies, bruised and broken,	打たれ、引き裂かれた私たちの体を取り、
break them as Thy living bread.	あなたの生きたパンとして裂いてください。
Make of passion-wounds a token,	十字架によって付けられた傷をしるしとし、

Pace, Santi, Frieden, Mir.	パーチェ、サンティ、フリーデン、ミール。
Though our tongues make sounds that vary	私たちの舌はさまざまな音を響かせるが、
all bespeak a common home:	すべて、共通の帰るべきところについて語る。
longing for the end of conflict	戦いが終わることを、
and a new life in God's Shalom.	神のシャロームの内に新しいいのちが始まることを望んで。
4. Teach us, God, our need of others;	教えてください、神よ、私たちが他の人を必要とすることを。
through them help us fully live.	彼らを通して、私たちがよりよく生きられるようにしてください。
Wean us from our selfish habits;	私たちを自己中心的な習慣から引き離し、
let us listen, learn, forgive.	聴き、学び、ゆるすことができるようにしてください。
May we see your longed-for image	私たちが、長い間待ち望んでいた、あなたの似姿を、
in each human heart and face,	すべての人の心と顔に見て、
and behold how those around us	私たちの周りにいる人たちがみな、
can be channels of your grace.	あなたの恵みを伝えていることを知ることができますように。

（訳：水野隆一）

料金受取人払

新宿北局承認

6015

差出有効期間
2022年5月1日
まで
(切手不要)

郵便はがき

169-8790

119

東京都新宿区西早稲田2-3-18
AVACOビル6F
キリスト新聞社 行

お買い上げくださりありがとうございます。
今後の出版企画の参考にさせていただきますので、ご記入のうえ、ご返送くださいますようお願いいたします。

お買い上げいただいた**本の題名**

ご購入の動機　**1.** 書店で見て　**2.** 人にすすめられて　**3.** 出版案内を見て　**4.** 書評(　　　　　)を見て　**5.** 広告(　　　　　)を見て　**6.** ホームページ(　　　　　)を見て　**7.** その他(　　　　　)

ご意見、ご感想をご記入ください。

キリスト新聞社愛読者カード

ご住所　〒

お電話　（　　　　）　E-mail

お名前　性別　年齢

ご職業

所属教派・教会名

出版案内　要　・　不要

キリスト新聞の見本紙　要　・　不要

このカードの情報は弊社およびNCC系列キリスト教出版社のご案内以外には用いません。

ご不要の場合は右記にてお知らせください。
・キリスト新聞社からの案内　要　・　不要
・他のキリスト教出版社からの案内　要　・　不要

ご購読新聞・雑誌名

朝日　毎日　読売　日経　キリスト新聞　クリスチャン新聞　カトリック新聞　Ministry　信徒の友　教師の友
説教黙想　礼拝と音楽　本のひろば　福音と世界　百万人の福音　舟の右側　その他（　　　　）

お買い上げ年月日　年　月　日

お買い上げ書店名

市・町・村　書店

ご注文の書籍がありましたら下記にご記入ください。
お近くのキリスト教専門書店からお送りします。
なおご注文の際には電話番号を必ずご記入ください。

ご注文の書名、誌名	冊数
	冊
	冊
	冊

All the Colors of the Rainbow by Carl P. Daw, Jr., 2016

1. All the colors of the rainbow, live unseen in daily light, but their splendors find expression when released to human sight; so the church reveals most beauty where diversity is real: breadth of race and class and gender, room for doubt and space to heal.	虹の色すべては、 普段の光では見えないけれど、 その輝きは現れる、 人間が見えるように解き放たれるとき。 そのように、教会は最も美しくなる、 多様性が真実のものである時、 人種、階級、ジェンダーの広がり、 疑ってもよいという余地、癒す場所がある時。
2. All the body's parts are wanted, nor can one despise the rest: head and hand must work together, as must eye and ear and chest; so the church needs all its members for a range of ministries: varied gifts with one great mission, "Do this for the least of these."	体のすべての部分は求められており、 一つの部分が他の部分をおとしめることはできない。 頭と手は一緒に働かなければならないし、 目と耳と胸もそうだ。 そのように、教会はすべてのメンバーを必要とする、 その豊かなミニストリーのために。 さまざまな賜物はひとつの大きな使命のため、 「これを、この人たちのうちの最も小さい者のために行いなさい」という使命のため。
3. Every language gains more music when the words for peace appear: Pax, Salaam, Eirini, Heiwa,	どんな言語ももっと音楽的になる、 平和のためのことばが現れる時。 パックス、サラーム、エイレーネー、平和、

この地で生きる　詞：水野隆一（2018年）

1　豊かな自然——
山や渓谷
リアス海岸
地熱や温泉
（くりかえし）
この地で生きる
キリエ・エレイソン

2　この地のかたち
つくった地震——
住む街こわし
暮らしを変える
（くりかえし）

3　津波が何度も
やって来た海——
いのちはぐくみ
いのち集める
（くりかえし）

4　プレートの上
百もの火山——
文化を育て
テフラ*で覆う
（くりかえし）

5　地震の後に
津波の後に
噴火の後に
あなたの声を
聞かせてください
キリエ・エレイソン

列王記上19章11−12
*「テフラ」はギリシア語で「灰」の意。火山灰、火砕流堆積物など、火山砕屑物。

おわりに――分断は乗り越えられるのか

アメリカにおける「ワーシップ・ウォーズ」に対しては、おおむね、二つの「解決」法が取られるようになっています。一つは、異なる時間帯、あるいは、異なる礼拝の場所で、複数のスタイルの礼拝を提供することです。午前一一時からは主たる礼拝堂でトラディショナル・スタイルの礼拝、午前九時からは小礼拝堂でコンテンポラリー・スタイルの礼拝というようなやり方で、大きな教会でよく見られるものです。

もう一つは、同じ礼拝の中に、複数のスタイルの礼拝、音楽を混合させる解決です。これもよく行われていますが、トラディショナル・スタイルを好む人、コンテンポラリー・スタイルを好む人のどちらにも不満が残るという問題があります。

しかし、礼拝において、本当に問われなければならないのは、スタイルや“taste”の何を選択するかではないと思います。礼拝や賛美歌について求められているのは、現代の文脈に合っていて、そこから生み出され、そして、現在の文脈に向かって行われるものであることだと思います。この判断は、福音理解、教会理解、宣教理解といったものと不可分です。その意味で、分断を乗り越えるためには、この福音理解、教会理解、宣教理解をすりあわせていく必要があるでしょう。

ブラウンはその著書の中で、音楽を聴いてどう思ったかを、相手を批判することなく真摯に話し合う機会を持つよう、非常に強い言葉で勧めています。私たちの前理解、類化は、新しいものに出会うことでしか変えられません。新しいものに出会い、私たちの前理解、類化を広げていくことによって、分断は乗り越えられ得るのかもしれません。私は、包括的でエキュメニカルな礼拝と音楽が向かうべき方向であると考えており、それを実現したいと願っていますが、それは、課題の大きさからも、対話の難しさからも、大変険しい道のりであるだろうと感じています。

参考文献

Frank Burch Brown, *Good Taste, Bad Taste, and Christian Taste: Aesthetics in Religious Life*, Oxford University Press, 2000.

ポール・バスデン『現代の礼拝スタイル――その多様性と選択を考える』越川弘英、坂下道朗訳、キリスト新聞社、二〇〇八年。

J・F・ホワイト『プロテスタント教会の礼拝――その伝統と展開』越川弘英、プロテスタント礼拝史研究会訳、日本基督教団出版局、二〇〇五年。

水野隆一「賛美歌『この地で生きる』が生まれるまで」『礼拝と音楽』一八四号一六―二〇頁、日本基督教団出版局、二〇二〇年。

森本あんり『反知性主義――アメリカが生んだ「熱病」の正体』新潮社、二〇一五年。

雑誌特集

特集「音楽になったイエス・キリスト」『モーストリー・クラシック』二〇二〇年二月号、産業経済新聞社、二〇二〇年。

特集「音楽の『聖』と『俗』」『礼拝と音楽』一八二号、日本基督教団出版局、二〇一九年。

ウェブサイト

Hillsong Church　https://hillsong.com/

The Hymn Society of the United States and Canada, *Songs for the Holy Other: Hymns Affirming the LGBTQIA2S+ Community*, https://thehymnsociety.org/resources/songs-for-the-holy-other/

招待講演

賛美歌再考

礼拝に仕える歌・人を育む歌

荒瀬牧彦

荒瀬牧彦（あらせ・まきひこ）
神奈川県横浜市出身。上智大学法学部、東京神学大学・大学院修士課程、米国メンフィス神学校で学ぶ。日本聖書神学校教授、カンバーランド長老キリスト教会あさひ教会協力牧師。
著書に『牧師とは何か』（共著、日本キリスト教団出版局、2013年）など。『賛美歌工房歌集』などに賛美歌作品を発表。

1　われわれはなぜ歌うのか

賛美歌とは何か

題を「賛美歌再考」としましたが、ここでの「賛美歌」は「信仰共同体の会衆歌（congregational song）」のことと理解してください。賛美歌を定義する方法には、唯一の明確な基準があるわけではありません。狭義には、アウグスティヌスの語った賛美歌（hymnus）の定義が知られています。「賛美しても歌わないのなら、それは賛美歌ではない。歌っても賛美しないなら、それは賛美歌ではない。神以外の何ものかを賛美しているなら、それは賛美歌ではない。それゆえ賛美歌には次の三つがある――歌、賛美、そして神である」。

しかし、それ以外のものも実際私たちは歌っています。「ちいさいひつじが」（『こどもさんびか』五五）には、神様も賛美の言葉も出てきませんが、歌うことで聖書の内容が深く心にしみる優れた歌であり、誰もが賛美歌と認めるでしょう。直接的な神賛美でなくても、嘆きや懺悔、説教、励ましや戒め、感情の吐露、霊的な感動などを歌ったものも、信仰共同体の歌としてふさわしいものは広義の賛美歌に含められるわけです。礼拝を考えるという視点から定義すれば、「礼拝というコンテキストで会衆が歌える歌すべて」が賛美歌です。

現代を代表する賛美歌作家ブライアン・レンが提示した会衆歌の機能別ジャンル分けの紹介をしておきましょう（図参照）。機能という点から賛美歌を考えるのは後で述べることと関係して

会衆歌の機能別ジャンル分け

〈ヒム〉歌詞が同じ構造のスタンザ（節）で構成され、同じ旋律で各節を歌える。有節歌。主題を展開し、一つの結論にまで導くという可能性を持つ。
〈コーラス〉　展開することはなく主題を繰り返す短い歌。　体感や高揚をもたらす。テゼの歌、カレン・ラファティ「神の国と神の義を」など。
〈ラウンド〉　コーラスの一種　カノン（輪唱）で続けて繰り返し歌える形。『讃美歌21』38 グロリア、ナタリー・スリース「平和のうちに」など。
〈リフレイン〉　スタンザ終結部のコーラス　会衆歌のメッセージを要約したり、会衆が聴く歌に参加する部分を作ることが可能。ブリス「生命のみことば」など。
〈チャント〉　韻律化されていない歌詞を会衆が歌えるようにする。
〈リチュアル・ソング〉　礼拝行為の中の定まった短い言葉を歌う。サービス・ミュージックとも言う。聖なるかな、神の小羊、頌栄など。
〈スピリット・シンギング〉　インフォーマルで即興的な会衆の発声。メリスマも多用。ハレルヤ！ Thank you, Jesus! Praise the Lord! など。

Brian Wren, *Praying Twice: The Music and Words of Congregational Songs*, Westminster John Knox, 2000, pp.100-106

いて、重要な視点です。

ルターの音楽理解

では、「なぜ歌うのか」ということから入りましょう。なぜ歌わねばならないのか。朗誦でも、心の中でも、賛美はささげられるではないか。どう答えるべきか。神学者たちはどう考えてきたのでしょう。三人の例を取り上げてみましょう。

マルティン・ルターは会衆歌の歴史における最も重要な人物です。彼は神学的に賛美歌論をまとめてはいませんが、宗教改革における礼拝改革のために、会衆が歌うことが必須であると考え、会衆が歌えるようにするための手段を実践的に整えた人です。彼は「音楽は神の美しい、すばらしい贈り物」「神学についで音楽に最高の地位と最大の名誉を送る」と語ったと、『卓上語録』にあります。音楽は特別な贈り物であり、神学や神の言葉に近い、大切なものなのです。ルターが音楽好きだったということはありますが、その次元を超える重要視です。ルターの音楽理解は、古代から中世へと継承された「音楽は宇宙における神の秩序であり、被造物への恩寵である」というムジカの思想を受け継いでいます。聖霊は音楽を通じて創造の神秘を証しする。天には音楽が流れている。その神秘を人間は自ら聞き取ることができる。つまり音楽は神と人とを繋ぐ特別な賜物であると捉えていました。つまり、神と人間の通路として働くがゆえに、歌うことが不可欠なのです。

「過越の神秘」としての音楽――ハーモン

次に、カスリーン・ハーモンの議論を紹介します。カトリックの修道女で、音楽と礼拝を専門にする学者です。彼女は、典礼歌唱は「パスカル・ミステリー（過越の神秘）の典礼的現臨化」であると考え、パスカル・ミステリーの弁証法が典礼の中に生きている、と語っています。歌うという行為が典礼の中にあるのは、典礼の持つ深層構造を現出化するものであって、歌は神礼拝のうちにある「すでに」と「いまだ」の緊張関係を現出させるのだという主張です。興味がある方は、『人は何を祝い、なぜ歌うのか――典礼音楽の神学的考察』（聖公会出版、二〇一三年）をお読みください。

神学としての音楽──サリアーズ

もう少しわれわれに身近な語り方をしている人として、プロテスタントのドン・サリアーズをご紹介します。著書“Music and Theology”（音楽と神学）の中で、「叙情神学（lyrical theology）」としての礼拝音楽を説いていいます。

「歌詞は明らかに神学的文書であるがその言語だけで目的を果たしているのではない。音楽を伴うことで初めて伝えられる中身がある。教義学的、哲学的、体系的な神学と並んで叙情的な神学を提案したい。賛美歌は叙情神学であると見做すことによって、そこで生起しているコミュニケーションをめぐっての諸問題を検討していこうではないか。……賛美歌テキストの解釈は歌い方によって大きく影響を受けることを、われわれは経験的に知っている。文字情報だけがわれわれを神との交わりへと導くのではない。旋律、リズム、音、詩、沈黙が合わさったところで、人は深い交わりを経験する。言葉において神学する（do theology）ことを求めるものは、われわれが歌い、また聴くときにこそ、神と神の前にある人間存在を語る言葉を理解する経験が最も深くなることを知るであろう。知的理解ということを超えたもっと深い理解に導くものだと、……神学とは究極的に神の内にある動き、光、天の音楽、そして踊りを指し示し、それに参与することなのである」。

歌うことの四つの理由

それでは私はどう考えるか。現時点での暫定的な答えではありますが、中心的な理由を以下の四点にまとめてみたいと思います。

1　「天地に音楽が満ちているから」

神からの賜物としての音楽。黒人霊歌に“Up above my head I hear music in the air!”という歌があるのですが、まさにこれだと思います。頭上に音楽が流れているのを聴く。そこにあるから、私たちは神様と向き合うときに歌わざるを得ないのです。

2　「共にするため」

キリスト教礼拝の特徴の一つは共同的行為であるということです。初詣に大勢の人が神社仏閣に参拝しますが、個的な礼拝なので歌は必要ありません。しかし、われわれはたった数人でも歌うことを必要とします。それは礼拝が共同的なものだからです。

3　「震わせるため」

歌とは振動です。声帯を震わせて、体が震えて、空気が震えて、一緒にいる人の鼓膜が震えて、体が震え、そして感情が、魂が共振する。震えを通して深いところに行くために歌っていると思います。

4　「染み込ませるため」

古代には、大事なことは歌って共有しました。音楽にすることで、言葉を誤りなく確かに身に付ける。歌うことは信仰の教えを正しく身に付ける、深く身に付けるための、優れて教育的な活動です。歌うことで体に覚えさせる。そして生活と人生に定着させていくのです。

他にも歌う理由はあるでしょうが、とりあえず以上のことを礼拝の会衆歌の根拠として確認しておきます。

2　礼拝に仕える歌という観点からの賛美歌再考

礼拝の音楽は教会を形成する

いったい私たちはどれぐらい時間と手間を費やして賛美歌について考え、話し合い、準備をしているでしょうか。賛美歌をどう歌うかはリタージカル・フォーメーション（典礼形成）の重要な要素です。礼拝を形成していくことを通して教会を作り、宣教を進めていくのだと考えると、賛美歌の扱いをおろそかにすることはできません。信仰共同体を建て上げていくという意識をもって取り組むべきだと考えます。礼拝を真に豊かにすることは教会全体の霊的で宣教的な成長をもたらすのですから、その重要要素たる賛美歌のことにもっと力を使うべきでしょう。「礼拝は教会の中心にあり、最も重要だ」と言いながら、礼拝の中身の検討はあまりなされません。考えられていない中身の一つが賛美歌です。ですから私が強調したいのは、「賛美歌をめぐる検討を、礼拝や教会や宣教を考えるテーブルの上に載せましょう」、ということです。

礼拝における音楽の必要性

では、どのように考えていけばよいでしょう。形式の問題にこだわりすぎると分断しかないことを、水野先生の主題講演から学びました。トラディショナルかコンテンポラリーか、五四年版『讃美歌』か『讃美歌21』か、オルガンかピアノか、あるいはバンドか。形だけで議論すると分断は不可避です。賛美歌について考えるときの原則として、音楽スタイルだけで判断しないということが大切でしょう。

そこで、礼拝中の行為としての必然性から再点検する、ということが大事になってきます。礼拝の中での必然性の点検を行い、歌う必要性を十分説明できないところについては無理に歌わなくてもよい。歌わないという選択もあるのです。それぐらいの覚悟で考えるということです。

礼拝順序の中での賛美歌

礼拝順序の中での賛美歌を考えてみましょう。礼拝順序の例を三つ挙げてみます（図参照）。リタージカルな「日本基督教団式文（試用版）」のA。今も多くの教会で使われている「日本基督教団口語式文」I。そして「コンテンポラリー・ワーシップ」の背景にあるペンテコステ派の礼拝理解。それぞれ特徴のある礼拝の構造です。

試用版A式文では、前奏、招詞と来て次に賛美歌が歌われます。そしてキリエとグロリア、加えて聖書朗読の間の詩編、ハレルヤ、その次も賛美歌を歌います。説教の前の賛美歌と、説教の後の賛美歌があり、終わる前の賛美歌として派遣のところで歌います。頌栄ではなく、その日の

礼拝順序の中での賛美歌

日本基督教団式文（試用版）A

〈神の招き〉
前奏
招詞
賛美
罪の告白
赦しの言葉
憐れみの賛歌（キリエ）
頌栄（グロリア）
〈神の言葉〉
祈禱（聖霊の照らしを求める祈り）
聖書朗読
　　旧約　　詩編or応答唱
　　使徒書　ハレルヤ
　　福音書
賛美
説教
祈禱
賛美
〈感謝の応答〉
信仰告白
祈禱（とりなしの祈り）
平和の挨拶
聖餐
奉献
主の食卓への招き
感謝聖別禱　聖なるかな
陪餐　　　　神の小羊
〈派遣〉
報告
賛美
祝福
後奏
退堂（奏楽）

日本基督教団口語式文 I

『日本基督教団口語式文』
礼拝順序 I 1959

前奏
招詞（聖句）
頌栄または讃美歌
主の祈
交読
讃美歌
聖書
祈禱
讃美歌
信仰告白（使徒信条）
説教
祈禱
讃美歌
献金
報告
頌栄
祝禱
後奏

Contemporary Worship

ペンテコステ神学における
礼拝の賛美理解

詩編 22:4
　あなたは聖であられ、
　イスラエルの賛美を住
　まいとしておられます。
　（新改訳）
詩編 100:4
　感謝の歌をうたって
　　主の門に進み
　賛美の歌をうたって
　　主の庭に入れ。

感　謝
　　門から入場
⇩
　　神殿の庭へ
プレイズ
　　聖所へ
⇩
　　至聖所へ
ワーシップ

参考：Donald Hustard, *Jubilate II: Church Music in Worship and Renewal,* Hope Publishing 1993

礼拝にふさわしい賛美歌を歌うこともあります。これが全て同じ「賛美」という括りですが、歌っている中身は全て違う意味を持っています。

最初の賛美は礼拝に集められた者たちが神をたたえて歌う、神の栄光を歌う、という純粋な意味での賛美です。しかし、聖書朗読と説教の間の賛美というのは必ずしもそうではありません。その聖書の箇所に関連するものが歌われる場合や、あるいは「みことばをどうぞ私たちに与えてください」「この後に聞く説教に聖霊の導きがあるように」とさまざまな祈りが、あるいは場合によっては聖書のパラフレーズが歌われています。最後の賛美には礼拝を受けた恵みを共有してそこから出かけていくという、その後の一週間の生活が意識されたようなものが歌われます。

コンテンポラリー・ワーシップには一見規則性がないように見えますが、そうではないようです。詳しい方に聞くと、プレイズ&ワーシップという順番には意味があり、「賛美のあるところに神様が臨在される」という神学に基づくものです。先ず純粋に神をたたえるプレイズがかなり長い時間ささげられ、神の臨在への備えがなされるのです。そこからワーシップが始まります。ワーシップの後にはその日のメッセージにふさわしいものが歌われます。ただ単純に歌っているように見えても、良いリーダーは礼拝全体を踏まえて歌を選択しているのです。

どのような礼拝スタイルであれ、礼拝の動きを踏まえて考える事が大切だということが確認できます。「歌う」という外見的行為は同じでも、魂の次元においては異なることが起こっている。それなのに「歌」で一括りにすると、「では賛美歌でも一曲入れましょう」といった場面転換のための軽い手段のようになります。リタージーという神と人とのドラマにおいて、礼拝者を前へ向かって進めていく歌の役割をよく認識したいと思います。

賛美歌は礼拝において何をしているのか

賛美歌を「機能」という側面から見てみます。これは礼拝者として経験していることから考えると分かります。主なことを列挙してみましょう。

• 教会暦やその日の礼拝の主題を明示する
• 全礼拝者をレイトゥルギア（民の業）としての礼拝に参与させる
• 息を一つにする
• 福音を物語り、みことばや教理を教える
• 祈りを共にする（歌う祈りは、広場に出て他者と手をつないで祈る祈り。アウグスティヌスは「誰でも歌う者は二倍［二度］祈る」と言った）
• 祈りを引き出す（歴史上の、また世界の聖徒たちの祈りが唇にのり、自分にはなかった祈りが生まれる）
• 礼拝者を温め、目覚めさせ、燃やす。落ち着かせ、癒やし、慰める（どちらも感情を豊かに耕してくれる働き）
• 神の国（神の支配）をイメージとしてふくらませる
• 福音の挑戦をもたらす（小さく狭く固定化した福音理解の枠を壊す）

・ハーモニーを響かせる（異なる声が活かされる）、など。

私たちは、これらの機能のゆえに賛美歌をリタージーにおいて歌うのであって、歌うことが礼拝の流れを妨げ、礼拝の焦点を不明瞭にしているのであれば、歌わないほうがよいのです。どのような役割を担わせるかをもっと意識しながら賛美歌の選択をしていこう、と申し上げます。

賛美歌の選択方法

賛美歌の選択にあたってチェックすべきことを三点挙げてみます。

①われわれの歌は真に神礼拝に仕えているか
②神と礼拝者の交わり、礼拝者相互の交わりに、信仰と希望と愛を加えているか
③集っている人々の参与という点において、包容性（inclusiveness）を意識しているか

機能の面から音楽への姿勢を考えるときに注意すべきことは「聖アウグスティヌスのアンビバレンス」と言われてきた「葛藤」です。アウグスティヌスは『神の国』で、「歌われている内容よりも歌そのものによって心動かされるようなことがあるとしたら、私は罰を受けるに値する罪を犯しているのだと告白します」と書いています。以来、教会は耽美主義・快楽主義の誘惑という問題を意識してきました。ヒルソングなどあまりにクオリティーが高いので、一度魅了される

と、近所の教会の下手なバンド演奏は聞けなくなってしまうとか、パイプオルガンがなければ良い教会音楽は成り立たないと考えたり。アウグスティヌス的に言えばそれは罪であり、われわれは警戒せねばなりません。しかし、その反対に、「下手でよい」「ずっと同じ（退屈）でよい」という低俗主義のような傾きが出てくることもあり、それはまた別の意味で、礼拝へのふさわしさを軽んじることになります。

礼拝行為としての賛美歌

音楽の力も、それによって動かされる信仰における感情的側面も、神様から送られた大切なものです。しかしそれらが主役となるとき、礼拝者を神から引き離す危険となります。霊と真理による礼拝、福音にふさわしい礼拝を真摯に求める中で、式文、祈り、サクラメント、他の礼拝行為と同次元で、かつそれらとの有機的関係の中で、会衆賛美・聖歌隊・奏楽を含めた音楽全体を考えたいものです。そのことにわれわれの神学的エネルギーをもっと注ぎ込んでよいと思うのです。その場合に気をつけるべきことは、伝統的な賛美歌もワーシップソングや新しいスタイルの歌も、同じ基準でフェアに評価するということです。

コンテンポラリー・ワーシップの歌詞に対して、私はある種の警戒心を持っています。マジェスティ（威光）、パワー（力）、グローリー（栄光）などキラキラ輝く力に満ちた言葉が多用され、強い高揚感を与えるのですが、「小さく貧しくなられた神」について歌われることはほとんどありません。またコンテンポラリー・クリスチャン・ミュージック（ＣＣＭ）を盛んに歌い多くの人を誘引する教会と、愛国心を高揚する宗教的心性やこの世での成功を祝福として強調する信仰観の親和性が高い、というのがとても気になります。学問的な証明ができるわけではありませんが、現象を観察すると両者の関係が近いという印象は拭えません。このような信仰の傾向については、批判的に見る必要があります。しかし、それをする以上、伝統的な賛美歌の歌詞の中にある同様の問題、あるいはまた別の種類の偏り、ということにも批判的視点を持って再考しなければならないと思うのです。

3　「人を育む歌」という観点からの賛美歌再考

賛美歌を再考する上でもう一つ、「人を育む歌」という観点を立てたいと思います。礼拝というのは深い慰めです。慰めを求めている人たちがあって、伝統的礼拝でもコンテンポラリー・ワーシップでも同じように、教会というのは自分にとっているべきところ、懐かしいところ、温かいところ、帰ってくれるところ、という思いを持って集っています。礼拝は、ほっとできるところです。「いつも変わらない懐かしい場所」として礼拝が果たしている宗教的役割は重要です。しかし、それが全てかというとそうではありません。それだけに注目してしまったら本当の意味での神礼拝から外れていくこともあり得るのです。

礼拝は人間を変える――バークハートの礼拝論

アメリカの礼拝学者J・E・バークハートは、『礼拝とは何か』（日本キリスト教団出版局、二〇〇三年）の中で、神様への賛美としての礼拝には「認識」「リハーサル」「宣教」の三次元があると言っています。認識というのは神様を知ることです。神はどういうお方で、何をしてくださるのか、ということを礼拝によって知る。神を認識するというのは、言い換えると、この世界に対する神の意図を承認することです。「礼拝とは生の意味を表現するために私たちの人生を形作ること、またそれを新たに形成しなおすことであり、それによって神に仕えること」であるとバークハートは言います。だから「リハーサル」という礼拝論においては奇妙に思える言葉が出てくるのです。単なる認識を超えたリハーサルの次元がある。それは、歴史のドラマの筋書きを見いだし、役者として稽古をすること。「ドレスリハーサル」という表現も出てきます。神様の救いのドラマの中に置かれた自分の役になりきって演じる。そのための稽古をしているというのがリハーサルの次元です。この視点から考えるなら礼拝というのは、礼拝する人間がどの程度変えられたか、どう変革されたかという尺度によって判断されるべきなのです。イエス様が「木の良し悪しはその実によって分かる」（マタイ一二・三三）と言われます。礼拝にもこれは当てはまると思います。私たちの賛美歌の「良し悪し」はただ音楽を聞いてどう感じたということではなく、どういう人間をその賛美歌が形成しているのかという観点から考えるべきなのです。

今加えていくべき賛美歌の層は何か

次に考えるべきことは、今私たちが加えていくべき賛美歌の層（レイヤー）は何か、ということです。われわれにはキリスト教の賛美歌だけで二〇〇〇年、その前から考えれば三〇〇〇年以上の歴史があります。今われわれが持っている賛美歌集にはいくつもの歴史の層があり、それぞれの層の中から選び抜かれた賛美歌たちが入っているのです。なので、賛美歌集を手にするということは、賛美歌の歴史を手にするということでもあるわけです。その層という視点から考えると、賛美歌というのは二〇〇〇年間均等に、一年に同じ位の数が完成しているというわけではありません。とても多く生み出されている時代と、不作の時代とがあります。われわれがよく歌うものは「いい賛美歌量産期」のものが多いのです。それはやはり必然性があったからだと思います。ある状況の中で、どうしても新しい賛美歌が必要とされ、才能のある人が出てきて、賛美歌が生み出され、会衆がそれを自分たちのものとし、歌い継がれ、後の世代にも必要なものとされて世代を超えた共有財産となったということだと思います。そうすると、もう十分に豊富な賛美歌がある領域と、まだ十分でない領域や未開拓の領域とがあります。われわれが加えていくべきなのはやはり、まだ十分には歌われてない領域だと思います。

賛美歌の新たな可能性を切り拓く――ヒム・エクスプロージョンとそれ以降

二〇世紀の後半に、ヒム・エクスプロージョン（賛美歌の爆発）と呼ばれるほどに良質の賛美歌が豊かに生み出された時期がありました。これは英語圏を中心として広がり、今でもそれに刺激された創作活動がさまざまな場所で続いています。また、テゼのような共同体の生み出してきた賛美歌も強い影響力を持っていますし、ドイツの新しいタイプの賛美歌も次々と紹介されています。世界各地の民族音楽を用いた歌もどんどん掘り出されています。それが賛美歌の一ジャンルとして“Global hymnody”と呼ばれたり、さらにそのように欧米から対象化・商品化されてしまうことを脱して、それぞれが自分たちの体に染みついている音楽から神を賛美するということを目指す“Ethnodoxology”という概念が提唱されたりしています。賛美歌世界におけるこの半世紀は、実に大きな変化の時であったのです。

シャーリー・エレナ・マレー

そんな中で多くの人が注目しているのは、ニュージーランドの新しい賛美歌です。特にその代表者のシャーリー・エレナ・マレーの賛美歌を紹介したいと思います。彼女の賛美歌は今や世界中で歌われるようになり、ニュージーランドの人たちに「我が国の誇り」と言われるほどの人なのですが、先月（二〇二〇年一月）召されました。有名な作品に“Upside-down Christmas”（上下逆さのクリスマス）という賛美歌があります。「南半球の夏に迎える降誕祭　私たちには雪はないけれど　この美しい緑の中で　主の降誕を祝う」という、本当に上下をひっくり返した、南半球の人たちのための素晴らしいキャロルです。彼女は、この時代、この世界にあって教会が必要としている賛美歌の歌詞を書き始めた人の一人なのです。“For Everyone Born”（生まれ来たすべての子に）という歌をご紹介します［注：英語の歌詞は、インターネット上で読むことができますので、For everyone born, a place at the table lyrics と入力して検索してください。教会で歌われている様子も YouTube で視聴することができます］。

この歌は五節からなりますが、各節が「誰々に何々を」という作りになっている、祈りの歌です。一節は、この世に生を享けた子すべてに、食卓の席、清潔な水とパンがあって、健やかに育っていける安全な場所があるように、と歌います。二節以降では、女性と男性が役割分担を見直して両方にフェアなシステムを、若い者と年老いた者が手を取り合い誰もが生きる権利を持つ社会を、正しい者と正しくない者が慈しみの心を持って共に生きていくための新しい道を、誰もが恐れなく胸を張って生きていける場所を、と歌います。各節に続くリフレインは、私たちが正義・喜び・思いやり・平和を創造していくことを神は喜んでくださる、という内容になっています。

私はこの歌を初めて聞いたとき、心の底から感動しました。この祈りを歌っていると、神様が全ての人間に対して与えてくださった尊厳は絶対に奪われてはいけないのだという確信が強められます。私たちの信じる神様は、人間の尊厳を守ってくださる神ですから、生まれてくるすべての赤ちゃんにきれいな水が保証されなければいけない、寝る場所が確保されるべきだと歌うことが、造り主なる神の素晴らしさをたたえて歌うことなのだと、この歌は強く感じさせてくれます。

私たちはどうすれば神様の素晴らしさを歌い上げられるのでしょう。世界に向かって伝えられるのでしょう。伝統的な神学用語で神様のいろいろな属性を言い表して、神の栄光を歌い上げること。聖書の言葉で表現すること。それはもうさまざまな賛美歌がずっとやってきたことです。もちろんこれからも新しい賛美歌を作ってそれを歌うでしょうが、ただ同じことを繰り返すのではなくて新しい表現を加えるべきではないでしょうか。今のような時代に生きる私たちは、「人間を大切にされる神」を力をこめて歌うべきではないでしょうか。

マレーのこの歌は人間の罪の深さを考えさせる、より踏み込んだ所まで入っていきます。虐待者と虐待の被害者という所まで踏み込んでいます。ですから、簡単には歌えない痛みを伴う歌詞も出てくるのですが、それにもかかわらず、なぜ現代の賛美歌集に多く採用されているのか。この歌の持つ力は、理性的な言語で論理的・説明的に語っていくという仕方ではなくて、現実の世界にある問題を見つめ、そこで真に必要なことをただ「誰々に何々を」と連ねていく仕方でイメージを膨らませて、それを歌う者たちの心の底からの祈りとして共有させてくれる、というところにあると思います。

私が特に感銘を受けたのは、「私たちが正義と喜び、慈しみと平和の創造者（creators）」となることに神の喜びがあると歌うリフレインです。私たちは「創造者（Creator）なる神」への賛美をずっと歌ってきましたが、その神賛美を彼女は、私たちが良いものをこの世に造り出していくという使命へと展開しているのです。神がこの世界に願っているものを私たちが生み出していくとき、神が私たちを喜んでくださるのだと。これはとても新鮮です。そして、それが聖書の使信に合致しています。ここで歌われる神は、私たちが聖書を通して信じている神です。この神のメッセージを現代の社会に伝えたいと思います。

賛美歌創作の試み

私が賛美歌の創作を始めたきっかけは、日本賛美歌学会が講師として招聘した海外の賛美歌作家たちに「あなたたち自身のものを書きなさい」と促されたことです。米国のカール・ダウ、アルゼンチンのパブロ・ソーサ、ニュージーランドのコリン・ギブソンといった方々は、「あなたたちが作ってる賛美歌を見せて欲しい」と言いました。そして「自分たちのものを書きなさい。他の所のものを学ぶのもいいけれど、創作することがもっと重要だ」と異口同音に言うのです。それで、才能の有無は脇において、ともかく書き始めてみようと思いました。すでにあるような作品の亜流を作っても意味がありません。われわれに欠けている領域、たとえば、人間の尊厳を守り支える土台としてのキリスト教信仰、抑圧に対して神の国への解放をもたらす福音、人間が人間らしく生きる共同体への希望をともせる教会。そのような歌を生み出していきたいと願っています。

教会の周年記念誌に一文をと頼まれたときには、その機に乗じて、文章の代わりに賛美歌を書いて贈るということをしています。愛唱してくださる教会があると嬉しいですが、個人的な満足を越えて、その歌が教会の歴史や賜物として与えられている特徴、そして使命を皆が喜び、共有し、アイデンティティを作るのに役立つことだと感じています。「賛美歌は自分たちで作れるのだ」と気付くという意味でも、皆さんにお勧めしたいことです。

4　どうすれば選択の幅を広げ、新しい歌「も」歌えるようになるか

最後に、どうすれば賛美歌選択の幅を広げ、礼拝で新しい歌も歌えるようになるかを考えてみ

ましょう。新しい歌ばかり歌いましょうと言っているわけではありません。私も古い賛美歌が大好きです。会衆が知っている賛美歌がコンテンポラリー一色になってしまったら、二〇〇〇年、三〇〇〇年の遺産が、同時代の人と共有できなくなると考えると悲しいです。古代の賛歌も中世のラテン語聖歌も素晴らしいし、宗教改革時代の素晴らしい賛美歌をずっと歌っていきたいし、一八、一九世紀のイギリスの歌はもう本当にわれわれのベースになっているし、アフリカに根を持つ黒人霊歌、ゴスペルも大切に歌っていかねばなりません。そしてそれと同時に、自分たちの時代が新たな層を加える余地を持ちたいのです。

皆さんも、賛美歌の講習会などで新しい歌に出会って感動することがあると思います。ぜひ自分の教会の礼拝で使おうと思って持ち帰ります。ところが「うちの教会は『讃美歌21』だけ」とか「五四年版以外は不可」と言われたりするわけです。理由はさまざまですが、神学は関係ないことがほとんどです。ですから歌集の神学的検討が大事なのです。それぞれの歌集が持つ編集思想とその背後にある神学を検討し、自分の教会に必要な神学を持つ歌集はどれかを判断することが大切だし、同時に、その歌集に載っていないがこれは今自分たちが必要としている歌だ、挑戦してみたい歌だ、というものを嗅ぎ分け、受容するセンスが必要でしょう。

そのために先ず、賛美歌のための基準を確立することが必要です。先ほど紹介したブライアン・レンは、賛美歌の特質は、共同的、身体的、抱擁的、心情的、霊感に富み伝統的であるということだと論じています。それ故に、われわれが目指す目標は、形成力があって（フォーマティブ）、変革力があって（トランスフォーマティブ）、認識を深めるもので（コグニティブ）、教育的で

（エデュケーショナル）、霊感に富むもの（インスピレーショナル）だと言っています。これは、私たちの狭い賛美歌理解の枠組みを作り直すために有効な基準の提案ではないでしょうか。

次に、礼拝の中で礼拝行為としての短い歌を活用することです。先ほど礼拝順序の中で賛美歌はそれぞれ役割が違うということを述べました。祈り、聖書、告白、奉献といった礼拝の中の行為が、必要なところでは音楽となり歌となる、という考えに立ち、賛美歌歌唱と他の行為を全く別のこととしてしまわず、一連の行為をできるだけシームレスにしていく。そのためには、何小節もある有節歌曲だけでなく短い歌が重要です。例えば奉献のときに奉献の祈りを歌とする、罪の告白のところでキリエを、聖餐の前の対話句を歌う、聖餐の祈禱の中でサンクトゥスを歌う。これらは馴染んでくると、会衆にとって、礼拝への参与や一体感を強めるものとなります。

第三に、賛美のための丁寧なプロセスを学ぶことです。「良い物は良い」と新しいものをどんどん入れると勇み足になりがちなのですが、じっくりやる必要があります。特に歌詞に丁寧に取り組むことです。たとえば、歌詞を朗読するという作業を大事にすると、自分たちに必要な歌を見いだす力がついてきます。ジョン・ニュートン作詞の有名なアメイジング・グレースも、『オルニー賛美歌』という小さな村の教会が自分たち用に作った賛美歌集に初めて掲載され、そこから世に知られていきました。ヒム・エクスプロージョンの作家たちも、手元にはない歌を新しく書いていったのです。

最後に教会の歌を支える「歌集」の意義を強調したいと思います。歌集の価値を知ること、新しい歌集作りを支援するのは大事です。歌集は出し続けていかねばなりません。残念ながら、

「五四年版で十分だ」とか、「新しい歌集は不要」という声が聞こえます。新しい歌集を作るには時間もお金も労力もかかります。しかし歌集という基本があってこそ、私たちは賛美歌のことを、適切に考えることができるのです。歌集には神学も歴史も宣教も全部入っているのです。これからの歌集は、著作権をきちんと守った上で、映写や演奏やネットでの使用などが容易にできる仕組みが望まれます。仕組みを整え、新しい賛美の歌を教派や地域や言語の壁を越えて共有し、世界の教会が「新しい歌を主に向って歌う」姿を夢見るものです。

現場報告

新しい歌を主に向かって歌え（詩編149：1）

〝私たち〟を変える歌

柳本和良

柳本和良（やなぎもと・かずよし）
2015年３月に関西学院大学神学研究科修士課程修了後、2015年４月より日本基督教団塚口教会に担任教師として赴任。2019年４月より同教会主任担任教師に就任。（2020年度、日本基督教団鈴蘭台教会に赴任。）

1　自己紹介

私、日本基督教団塚口教会牧師の柳本和良と申します。五年前に、塚口教会に伝道師として赴任しました。本日は私なりにこの五年間に「教会と音楽と宣教」に関して経験したこと、学んだことを共有したいと思います。

2　塚口教会について

塚口教会はヴォーリズ建築の礼拝堂を持つ、周囲の教会の中ではそれなりの規模を持つ教会です。

今年度創立七〇周年を迎え、礼拝堂左手奥にあるパイプオルガンは、来年で設置からちょうど四五周年になります。周囲の教会の中でも、塚口教会は戦後、比較的早い段階でパイプオルガンを導入した教会です。そして、あのパイプオルガンを弾きこなす当教会のオルガニストは、現在八名います。これまで私が在籍してきた教会では考えられない贅沢さですが、さまざまな方から話を伺うと、二代目牧師の松木治三郎先生は、意識的に教会オルガニストの育成に力を入れておられたようです。

現在礼拝で使っている賛美歌は『讃美歌21』ですが、教会が礼拝で使用する歌集を『Ⅰ編、Ⅱ

編』から『讃美歌21』に切り替えたのが、ちょうど二〇年前です。『讃美歌21』が出版されて、まだそこまで時間が経っていない時期のことでした。私から見て塚口教会は、音楽に関することではいつも、早い段階で、思い切った判断をしてこられた印象があります。

ここ数年の間、塚口教会で音楽に関する試みがいろいろと始まって、今も続けられているのは、こういう下地を持つ塚口教会だから、という部分は大きいと思います。それでも、その中で「新しい」試みをする、「新しく」歌うというのは、いろいろな難しさがありました。

私は、今回のこの現場報告のタイトルを「新しい歌を主に向かって歌え――〝私たち〟を変える歌」とさせていただきました。よく耳にする詩編一四九編一節の言葉ですけども、「新しい歌を歌え」とはどういうことだろうと、改めて考えさせられてきたのがこの五年間です。

3　『讃美歌21』／聖日礼拝／夕の礼拝

赴任してすぐ、私はある失敗をします。毎週日曜日朝一〇時からの聖日礼拝、それと夕方五時からの夕の礼拝、いわゆる主日礼拝で、会衆は先ほど言ったように『讃美歌21』を歌います。私は教会暦、自分が説教をする聖書箇所、メッセージの内容と合わせて、礼拝の賛美歌を選んでいました。すると、しばらく経って、こういう声が聞こえてきます。「新しい先生は二人とも、容赦なく新しい賛美歌を選ぶから必死になるね」。「前の賛美歌に慣れているから、やっぱり『讃美歌21』は歌いにくいなあ」。「先生、礼拝最後の賛美歌はみんなが歌える賛美歌にしませんか？」

それで、「新しい」「慣れてない」「歌えない」という声に、向き合ってみました。まず、「新しい」とはどういうことだろうか？　私は自分が選んだ賛美歌で、何人かの方から「これは知らない」「新しい歌ですね」と言われた曲を見てみました。例えば『讃美歌21』の一一三番「いかに幸いな人」です。開いてみるとこれは、「一六世紀」に作られた「ジュネーヴ詩編歌」でした。ちなみに塚口教会は「長老主義」の流れを大切にしている教会です。

気を取り直して、二番目の事柄、「歌い慣れてない」と言われることについて、考えてみました。私は今二九歳です。牧師家庭で育っていますが、物心ついてからほぼ『讃美歌21』と共に過ごしてきました。塚口教会は『讃美歌21』に切り替えてちょうど二〇年経ちます。実は二九歳の私とそう変わらない月日、『讃美歌21』を歌ってきたはずなのです。なぜ「歌い慣れていない」のでしょうか？　二〇年も経って。

もしかすると、収録されている曲の、歌としての難易度が高いのかもしれません。だから、そもそも「歌えない」「歌いにくい」と言われることについて考えてみました。『讃美歌21』は難しい曲が多いんだろうか？　私はときどき、特にクリスマスの賛美歌を、『讃美歌I編』ではどうだったんだろうと見てみるのですが、「あら野の果てに」も、「もろびとこぞりて」も、歌いやすさ、歌いにくさで言うと、「あれ？　前の賛美歌のほうが難しいのでは？」と思うのです。

〝会衆〟で〝一緒に〟歌おうと思ったら。

こうやって、教会で言われる「これは〝新しい〟です」と向き合ってみると、「先生は新しい歌を容赦なく選びますね」の、「新しい歌」って何なのだろう？　と思うのです。逆に、いつになったら「新しい歌でなくなる」のでしょう？　さっき紹介した「いかに幸いな人」は一六世紀の歌でしたが、あれが「新しい」なら、いつ古くなるのでしょう？　「知らないから」「十分に歌い慣れていないから」「新しいのだ」と言われるとしても、それでも私たちの手元に来てから、もう二〇年経っているのです。

これは「新しいから歌えない」のでも、「新しいから歌いづらい」のでもない。この二〇年「歌おうとしてこなかった」から歌えないのです。教会でよく耳にする詩編を、私たちは真剣に受け取っていたのでしょうか？　「〝新しい歌〟を、〝主に〟向かって歌え」……「〝古い歌〟を、〝自分に〟向かって」歌ってきていないか、考える必要はないでしょうか。

新しいものよりも前のものの方がいい理由を、たくさん聞いてきました。「文語の歌詞には力強さがあった。口語になってインパクトがなくなってしまった」「端的に力強く入ってきた歌詞が、口語だと心に響きにくくなった」「前は詩的だったのに、もはや詩的じゃなくなった」。このような意見は、実は私より下の世代からもときどき聞きます。文語の方が好き。かっこいいと。

実は私も思います。好みかどうかはともかく、文語の方が確かにかっこいいと。「愛の主イェスは／小さいものを／いつも愛して／守る方です」よりは、「主われを愛す／主は強ければ／われ弱くとも／恐れはあらじ」の方が断然かっこいい。力強さも確かに後者のほうが感じます。同時に思うのです。自分たちは「中二病」と何が違うのか、少し考えたほうがいいのではと。

それでも、「文語の方が端的に明確な意味を味わえる」とよく言われます。そこで、うちの教会で五四年版の『讃美歌』で長く過ごしてきた方に聞いてみました。「『いつくしみ深き／友なるイエスは／罪とが憂いを／とり去りたもう／こころの嘆きを／包まず述べて／などかは下さぬ／負える重荷を』の、『などか』ってなんでしょう？」と。そのときお二人おられましたが、お二人ともパッとは答えられませんでした。落ち着いて読めば「なぜ、あなたは」という意味なのが分かりますが、文語がしっくりくるという方でも、実は自分が何を歌ってきたのか、じっと読み込まないと分からないぐらいには、曖昧だったのです。さて、私たちは本当に、内容をもって、歌うのはこの賛美歌であるべきだと判断しているのでしょうか？

この現場報告を準備するにあたって、塚口教会の諸団体や地区集会といった場で、ちょっとしたインタビューをしてみました。私も前任牧師も『讃美歌21』から縦横無尽に選んでいましたが、それで深刻に疎外感を抱いたことはなかったか。正直嫌気がさしていなかったか。すると、やはり前の賛美歌も歌いたいという声は出るものの、「でも時代は変わりますから」という声も、それに頷く反応も、意外と多かったのです。「知らない賛美歌を知れて、それはそれでけっこう楽しいですよ」という声が、だいたいどの集会でも出てきました。もちろん、若い牧師を傷つけないようリップサービスは含まれるかもしれません。しかし、教会が歌おうとしなかった歌を、新しい歌を、ちょっと乱暴な部分あったかもしれませんが意識的に歌おうとする試みは、教会の「私たち」という共同体を、少しずつ変えるものであったかもしれない。そうであればと切に思います。

4　賛美歌をうたう会

新しい歌を歌おうとするとき、自然と重視されるようになるのが、歌の練習です。塚口教会には以前から、第二もしくは第三主日の礼拝後、「賛美歌をうたう会」という時間が設けられていました。次の月に選ばれている賛美歌で、会衆が歌い慣れていないものを練習するものです。教会オルガニストであり、以前アメリカに教会賛美を勉強しに留学された方が、その豊富な知識と経験で指導してくださいます。前任の主任牧師、そして私が赴任してから、さまざまな賛美歌が遠慮なく選ばれるようになったことで、この会の意義が自然に大きなものとなっていきました。来た当初は一〇分ほどで短く終わらせられ、参加者も少なかったこの会が、今では一五～二〇分ほどかけて行われるようになり、長老たちが会衆に呼びかけ続けてくださったのもあって、四〇～六〇人ほどがこの練習に残るようになりました。このように月一回、「賛美歌をうたう会」というものをもって、教会が「新しく歌い」続けるための試みが支えられています。

5　賛美と祈りの夕――「テゼの歌を用いて」

塚口教会に赴任してから、私が音楽に関する試みで最初に手を付けることになったのが、水曜日の夜の集会でした。それまで水曜の夜七時から行われていた聖書研究祈禱会が、参加者がほとんど高齢の方々であるのもあって、集まりやすい午前の時間帯に移ったのです。そこで空いた夜の時間を、若い人が参加しやすい音楽を用いた集会に当てることが決まっていました。そして、主任牧師からは「教会に『テゼの歌と祈り』に詳しい方が何人かおられるから、テゼの歌を用いた集会を初めてはどうだろう?」と任されたのでした。

「テゼ」というのはフランスのブルゴーニュ地方にある小さな村の名前で、そこにテゼ共同体という組織があります。カトリックとプロテスタント出身のブラザー（修道士）たちから成る修道会です。彼らは日に三回、歌と聖書と沈黙による祈りのときを持っています。キリスト教が現実には分裂、分断という痛みを抱える中で、「和解」のしるしとなるために始まった経緯がありま す。この、日に三回なされる祈りの形態は、初めて来た人にも、違う国同士から集まった人たちにも、簡単に参加できるもので、毎年世界中から多くの若者が集うことで有名です。テゼ共同体のブラザーたちは、自分たちのもとを訪れた若者たちと、あくまで「一緒に祈れる」形を試行錯誤してきました。どのような「祈り」かといえば、八小節ほどの短い歌、それも聖書の言葉や場面が基になっている歌詞のものを、繰り返し歌い続けることで、祈りに身を置くという形です。歌の文言が自然と祈りになり、あるいは聖書の言葉を繰り返し心に落ち着けること自体が祈りになる、というシンプルな形です。間に詩編や聖書の朗読があり、その後にある長い沈黙のひとときでは、口を閉じて「神に耳を澄ます」ことも「祈り」として大切にされています。初めて歌う人でも繰り返し歌われるからだんだん口ずさめるようになり、知らない言語の歌でも短いからすぐ覚えられます。この祈りでは、シンプルで美しい空間という要素も大事にされて、祈りの場所はイコンやロウソクの灯りといったもので整えられます。

塚口教会では、実は以前、今この関学で教えておられる打樋啓史先生が伝道師であった時代に、テゼのブラザーを伝道師館に招いてお泊めしたり、教会員さんたちをテゼの集会に連れて行ったりして、その下地を作っておられました。私は神学部を卒業した時点で、テゼのことはほんの少ししか知りませんでしたから、打樋先生や教会員の方に教えてもらって、塚口教会でのテゼの歌による集会を形にしていきました。このテゼの歌というのは『讃美歌21』にもいくつか載っていますが、逆に言えば私が知っている歌といえばほとんどそれだけでした。今度は私の方が、「新しい歌を歌う」ことになったわけです。クラシックギターによる伴奏が必要でした。私は、ギターは和音・コードしか弾けません。しかもテゼの歌に合うアルペジオ（和音を分散して弾く方法）は、私の苦手とするものでした。二〇一五年五月にテゼの歌による「賛美と祈りの夕」を始めた当初、それはさんさんたるものでした。始めたときはいっぱいいっぱいだったのです。何よりも、知らない歌を把握して選んで、六曲から八曲ほど、弾いて歌えるようにするわけですから、毎回準備が大変でした。しかし、毎週続けることで、「読む」というより「解読」に近かった楽譜はある程度分かるようになり、なれないギターの奏法も、一年も経てばいろいろごまかしが効くようになってきました。何より、「祈り」に対してどこか狭く捉えていたイメージが、もっと自由で豊かなものなんだと思うように変わりました。歌い慣れていない、「新しい歌を歌うこと」で、自分自身に変化がもたらされたのでした。

しかしここでもやはり、教会が新しく歌う試みには困難がつきまといます。テゼの歌による集会を始めるようになったとき、塚口教会でも、テゼのことを「カルトみたいなものとどう違うのか」聞かれることや、イコンやロウソクで整えられた礼拝堂に入った信徒さんが仰天し、いつもと違う光景に思わず、「えぇぇ、気持ち悪い」「これ、ずっと定期的にするんですか？」と言うのを聞いて、私自身ショックを受けるときがありました。そんな中、私にとって印象的なことがありました。この集会を始めてから、毎回欠かさずやって来て、静かに参加する、その当時は数少ない教会員さんがいらっしゃったのです。すでに長老を引退された年配の教会員さんでした。後から笑い話として聞いたのですが、よく分からない集会が始まると聞いて不安になり、最初は偵察の気分で来ていたといいます。ところがこの方はすぐに溶け込んでしまいました。もう耳が遠くなっておられて、普段の会話も苦労することがあったのですが、歌うことが大好きで、なぜか歌っているときには音を外さないのです。安定感のあるベースで、いち早くハーモニーをつけて歌ってくださるようになり、最初いっぱいいっぱいだった私にとって、心が震える出来事でした。「新しい歌を歌うこと」がなかなか受け付けない人もいれば、「新しい歌を歌うこと」で新たな一体感を知る人もおられたのです。

6　賛美と祈りの夕――「ゴスペルを歌う」

テゼの次に関わることになった、音楽に関する新しい試みは、ゴスペルを歌う集会です。実はテゼの歌による「賛美と祈りの夕」を初めてから三年ほど経った時点で、毎週そこに集まるのは三〜四人ほどしかいないという時期がありました。そこで、毎週行っていた集会の頻度を一旦減らしてみることになりました。テゼの歌による「賛美と祈りの夕」は、第一、第三水曜日だけになりました。

そうして空いた水曜日に、テゼに集まる人たちとはまた違う方々の受け皿を整えることになります。塚口教会には、教会の外で精力的にゴスペルの集会を支えたり立ち上げたりしている方がおられました。もともとゴスペルとの出会いが教会に来るきっかけとなった方です。せっかく熱い思いとスキルを持っている方がおられるため、過去にも何回か、塚口教会の特別行事の礼拝などで、ゴスペルの歌が用いられたときもありました。しかし、ゴスペルに関してはテゼ以上にさまざまな、複雑な反応が出てしまい、それ以降あまり教会内でゴスペルに触れる機会はもたれなくなっていました。

このことは教会の中で何人かの方からも、自分たちはすごくもったいないことをしているのではないかという声がチラホラと聞こえていました。主任の先生と私は、テゼとはまた違ったジャンルの中で、教会に来たいと思う層がいるのではないかと目論み、その信徒の方に毎月第四水曜日の夜七時から、ゴスペルを歌う集会を塚口教会で行ってもらうことにしました。この集会を始めるまでの間に、実はいろんな緩衝材を入れていました。その年の聖餐式の賛美歌を『讃美歌21』七九番「みまえにわれらつどい」にして、普段から歌っているものの中にも、アフロ・アメリカン・スピリチュアルがあることを示したり、単発でゴスペルのワークショップに塚口教会を会場として使用してもらったりしたのです。このワークショップは日曜日の午後に行われて、クリスチャンでない人も相当数集まり、その日の夕拝に参加した人もおられました。ところが、せっかく外からいろんな人が集まり、自分たちの教会の人も関わっている中で、他の教会員さんはあまり興味を示せなかったのです。ゴスペルというジャンルそのものに対して、「自分たちが礼拝で歌う歌とは違うもの」という意識が、思いの外強くあることを感じました。実際にゴスペルを歌う「賛美と祈りの夕」が始まっても、テゼの時と同じく教会員の中から参加する人は少なかったのです。

私は、自分たちが歌う賛美歌に、確かに相性はあると思います。好き嫌いの感情も、決して無視できないでしょう。私自身、ゴスペルは聞くのは好きで、多くの歌は歌うのも好きですが、ときどき「自分のモノにならない歌」とも出会います。しかし一方で、ある学生さんや、全く教会は初めてという方が来られたとき、ハラハラする私をよそに、満足して帰られ、その後何度か来るようになる方も少なくはなかったのです。私は、ゴスペルという自分にとって「新しい歌」を歌うようになって、自分が当然とする感覚が、さほど当てにならない瞬間を経験するようになりました。

テゼの歌による集会もそうでしたが、ゴスペルを歌う集会も、参加する多くの人は周りの教会、他教派の教会からの人たちでした。テゼで集まる人たちとはまたすっかり違った顔ぶれが、流動的に来るようになりました。塚口教会でも拒否反応があったように、自分の教会では自分の信仰にしっくりくるこのジャンルの歌が歌えないという人たちも集まるようになりました。この集会がきっかけで、テゼの集会にも、この後紹介する土曜夕拝、そして日曜の夕拝にも顔を出すようになった他教会の信徒さんもおられます。中にはこの会に連れてこられたノンクリスチャンの方が、教会という場所に心を開けるようになり、自宅近くの教会で洗礼を受けたという報告も聞くことになりました。

7　土曜夕拝

塚口教会で始まった音楽の試みとして最後に紹介するのが、土曜夕拝です。もともと主任牧師と一緒に、日曜日の夕方五時から行っている礼拝を、土曜日の少し遅い時間に移して、聖日礼拝に出られない人を対象にできないかと模索していました。しかし現状、日曜の夕拝に参加しておられる方々が一定数いるため、そこはそのままに、土曜日の夜六時から、若者と教会は全く初めてという方を意識した礼拝を始めることになりました。

礼拝の流れはシンプルです。最初、五分から一〇分ほど、その日歌う歌を練習して、招きの賛美歌を歌います。その後聖書を輪読します。輪読の後は、その聖書が基になっていたり、内容と合うような歌をいくつか歌い、最後に主の祈りをして、祝福を掛け合って終わる、という流れです。

この土曜夕拝ですが、使われている賛美歌は参加者がほとんど歌ったことのないものばかりです。『Thuma Mina つかわしてください――世界の賛美』や、『アイオナ共同体の歌』、「これもさんびかネットワーク」に投稿された曲、時折『リビングプレイズ』、また聖書箇所によって

『讃美歌21』からも歌っています。つまり、たいていいつも、「初めて歌う歌」となるわけです。

8　新しい歌を主に向かって歌え

塚口教会での音楽に関する試みで、私が関わってきたものをお伝えしてきました。新しく歌い始めたこれらの試みに共通する点があります。それは塚口教会全体から見て、教会内からの参加者が少ない点です。来られるのは他教会、他教派、通りすがりに音楽に興味を持った人たち。彼らは塚口教会に来て、礼拝や祈りに参加しているけれど、多くの教会員とお互い出会う機会が限られてしまっています。音楽における分断が、ある意味一つの教会の中で端的に現れているのが、塚口教会と言えるかもしれません。

多くの信徒にとって、馴染みの歌から、新しい歌を歌い始めるのは、ちょっとしたショックがあったり、億劫であったりします。『讃美歌21』に収録された曲の多くが「歌われてこなかった」ように。有名な詩編がなぜ、「新しい歌を主に向かって歌え」と叫んでいるのか、私はこの五年間で納得するようになりました。私たちは、思っているほど自然に新しい歌を歌っていくことができないのだと。慣れていて、安心感を抱けて、しっくりくる古い歌を、自分に向かって歌ってしまいがちなのだと。だからこそわざわざ、「新しい歌を」「主に」歌えと叫ばれているのではないでしょうか。

塚口教会では、それでも少しずつ、自分たちの教会が「新しい歌を歌い続けようとする」これらの試みに、「面白そうですね」「そんなこともやっていたんですね」と目を向ける雰囲気が、教会全体の中に見え始めています。音楽における分断が現実に存在する中で、自分と隔たりのあるその歌、新しい歌を歌っている人たちが身近にいることは、きっと何かを変え始めていると思います。

ずっと、歌い続けてきた共同体が、「新しい歌を主に向かって歌うこと」を、もっともっと大切にしていきたいと願っています。ありがとうございました。

神学生アワー

「共に創る礼拝」と「音楽」

関西学院大学大学院神学研究科１年生有志

安東大器（あんどう・ひろき）
金 省延（きむ・そんよん）
小林希恵（こばやし・きえ）
田中耕大（たなか・こうた）
鄭 詩温（ちょん・しおん）
米田満瑠（よねだ・みちる）
劉 加貝（りゅう・かかい）

1　はじめに

この神学生アワーは、中道基夫教授による神学研究科の開講授業「礼拝学演習A」受講生の発表です。この授業は、礼拝の構造を知り、式文分析を通して、実際に受講生がチャペルを創り上げる、という内容でした。私たちはチャペルのテーマから構成、式文、賛美歌の選択までを一から考え、共同で創ったチャペルを行いました。チャペル実施後の授業では、その日のチャペルで得た経験や振り返り、反省から「共に礼拝を創る」とは何かについて考え、討論を重ねてきました。

私たちの「共に創る礼拝・チャペル」のテーマである「音楽」に焦点を当て始めたのは、神学部チャペルの参加者について考えたときでした。今年度の神学部チャペルに参加し続けて気づいたのですが、学期の始めには新入生や学生が多く出席しても、時間が経つにつれて参加率が下がっていきました。そこで、現代の学生が興味を持ちやすく参加しやすいチャペルについて話し合った結果、音楽を用いたチャペルを試みることにしました。そして、初めて神学部チャペルに来た人でも「もう一度行きたい」と思えるようなチャペルを創ることが共通テーマとなりました。私たちの「共に創る礼拝・チャペル」は一一月一八日、一二月一六日、一二月二三日の合計三回、実施されました。

各自通う教会や教団、信仰など背景が異なる受講生による礼拝・チャペルを共に創るのは容易ではありませんでした。さまざまな背景が異なる受講生たちが音楽をテーマに「共に創る礼拝・チャペル」がどのような形になったのかに注目していただければと思います。

2　一回目のチャペルについて

一回目のチャペルテーマは、神様が与えてくださった「すべての出会いに感謝しよう」という「感謝」が中心的なテーマです。このテーマに沿って、感謝が表れている賛美歌や聖書箇所を決めました。賛美は『讃美歌21』の八五番「サント　サント　サント」をみ言葉に対する応答と祈りとして、四二一二番「感謝さびら」をキリストとの出会いの喜び、救いの表現として選曲しました。

一方的に司会者が礼拝を進めるのではなく、会衆も参与しながら礼拝を献げることができる工夫を考えました。会衆には、式次第を配布し、礼拝順序に沿って聖書箇所や賛美歌の楽譜などがすぐに読めるようにし、式次第だけで礼拝に参加できるようにしました。あまりチャペルでは歌われていない「感謝さびら」はチャペルの初めに会衆と共に練習し、また豊かな賛美になるよう輪唱形式を取りました。祈りに関しては、分かりやすい言葉で会衆と祈れることを念頭に受講生たちでリタニーを作成し、リタニーを通して司会者と会衆が交互に、そして最後に一緒に祈ることで一体感が生まれると考えました。また、黙想を取り入れ、み言葉をかみしめる時間と今までの出会いに心を向ける時間を作りました。報告の前にあいさつを取り入れた理由は、会衆も参加できるような工夫をし、お互いに声を掛け合うことで、さらに感謝が広がっていくと考えたからです。聖書朗読では、普段触れることのない他言語の聖書に出会ってもらいたいと思い、さまざまな言語を取り入れました。説教は、五分程のショートメッセージにすることで、会衆に伝わりやすくなると考えました。

最後に、受講生たちによる一回目チャペルのまとめをお話しします。黙想に関しては、「黙想が何回もあって全体の流れがバラバラになったように感じた」「何についての黙想なのか分からない」などの感想が目立ちました。また、礼拝全体の内容に対する考えが受講生の間で十分に共有されておらず、「主の祈り」がないことや黙想を取り入れたこと、賛美歌や聖書箇所などそれらの意味付けを十分に行えていませんでした。それは、その内容や意味を事前に意見できる環境が整えられていなかったからだとの反省がなされました。受講者の間において、礼拝理解の大きな違いを感じさせられました。今後のチャペルでは異なる点を否定し合うのではなく、十分な話し合いによって共に礼拝を創り上げる必要を感じました。

3　二、三回目のチャペルについて

二、三回目のチャペルでは、今までの礼拝形式にとらわれず、全体の流れを意識した礼拝を創りました。報告と賛美、祈り、聖書朗読、説教、説教後の称賛、主の祈り、頌栄などを司会者なしに、プロジェクターを用いて行いました。そして説教は分かりやすいように短くしました。

二回目のチャペルでは「夜も昼も」「慕い求めます」「その日全世界が」の三曲を賛美歌として用いました。三回目においては「あら野のはてに」「夜も昼も」「光あふれる」の三曲を選曲しました。はじめに述べておきたい点は「夜も昼も」と「光あふれる」はこのチャペルオリジナルの歌詞であるという点です。これらの賛美は原曲が外国語ですが、公式に定められた翻訳はありません。原曲の意味を踏まえつつ、今回のチャペルで歌いやすいように歌詞を作りました。二回目と三回目で共通して歌われた「夜も昼も」はどのように状況にあっても、どのようなときでも、神への賛美を献げるという歌詞です。二回目で用いられた「慕い求めます」はイエスへの愛や思いが歌詞にされています。同じく二回目で用いられた「その日全世界が」は、終末になればイエスの名を皆が呼ぶようになるといった事柄が歌詞にされています。三回目で用いた「光あふれる」は神と共に生きることの喜び、希望が歌詞にされています。二回目と三回目の賛美では、歌詞を変更する試みを行いました。各教会の中には、一二一日にクリスマス礼拝を終えた教会も多くあります。そのため、「夜も昼も」の歌詞を降誕節にふさわしくなるように変更を行いました。

二、三回目のチャペルにおいてはプロジェクターを用いて歌詞や報告事項を投影するという手法を用いました。特に賛美でプロジェクターを用いることにより、会衆は賛美歌集等を見ること、下を向くことから解放されて、前あるいは上を向いて礼拝を行うことが可能になりました。

4　アンケート調査結果

ここまで紹介したチャペルでは、終了後にアンケート調査を行いました。その回答してくださった方は、その日のチャペルに出席された方で、メンバーは毎回違い、人数も異なります。ここでは、アンケート回答者、礼拝の満足度、賛美歌の満足度、また参加したいか、の四つの設問の結果を中心に紹介します。

まず、アンケート回答者についてお話しします。チャペル一回目は一九名、二回目は二一名、三回目は二六名と、チャペルの回数を経るごとに増えています。二〇一六年から二〇一八年の年内最後のチャペル参加平均者数が二六名であったことを踏まえた上、年内最後ということが、三回目のチャペルが最も多い参加者となった要因の一つだとも考えられます。

礼拝の満足度についてお話しします。一回目チャペルの満足度の高い理由として、「聖書の多言語朗読がよかったこと」「参加型がよかったこと」がコメントから分かりました。一方、満足度の低い理由として、「礼拝の流れが分かりにくく、説明が欲しかったこと」「賛美歌の繰り返す回数や沈黙の長さについて満足できなかったこと」が挙げられました。二回目のチャペルでは、満足に感じる人は九〇%、普通と感じた人は四%でした。満足度の高い理由として、「通っている教会の雰囲気に似ていたこと」「入りやすい雰囲気だったこと」「いつものチャペルと雰囲気がちがったこと」が挙げられました。一方、満足度の低い理由では、「慣れない形式についていきにくい」という声もありました。三回目チャペルの満足度の高い理由は、二回目と同様に雰囲気やバンドに対する評価が高く、満足度の低い理由のコメントはありませんでした。

次は賛美の満足度についてです。一回目のチャペルでは、満足した人が四二％、普通および少し不満な人は四七％でした。満足と答えた理由として、「何度も歌うことで歌いやすかったこと」「賛美歌の選曲がよかったこと」が挙げられました。一方、不満と答えた理由として、「繰り返しが多くて長く感じたこと」が挙げられました。二回目のチャペルでは、満足した人が八〇％、普通と感じた人は一四％でした。満足と答えた理由は、「教会でよく歌う賛美歌だったこと」「バンドによる賛美がよかったこと」が挙げられました。一方、不満と答えた理由として、「メロディについていくのが難しかった」という声もありました。三回目のチャペルでは、満足した人が八八％、普通と感じた人は七％で、満足と答えた理由は二回目のチャペルと同様でした。

最後に、また参加したいかについてお話しします。一回目のチャペルでは、また参加したいと感じた人が八八％、あまり思わないと感じた人は一一％でした。参加したいと感じた理由は、「参加型が楽しかった」「学生主体の礼拝に魅力を感じた」「これなら眠くならない」といった声が上がりました。二回目のチャペルでは、また参加したいと感じた人が九〇％、あまり思わないと感じた人はいませんでした。参加したいと感じた理由は、「賛美がよかった」「楽しかった」といった声が上がりました。あまり思わないと感じた人はいなかったものの、その他の中には、慣れなくて緊張してしまう、といった意見がありました。三回目では、また参加したいと感じた人が八四％、あまり思わないと感じた人は四％でした。また参加したい答えた人の中には、「若い人が参加しやすい」「友だちを誘いやすい」「一体感がある」といった声がありました。また参加したいと思わないと感じた人はいなかったものの、その他の中には、二回目同様に、「慣れなくて緊張してしまう」や、「クリスチャンではないので入りこめず、置いていかれた気分だった」といった意見もありました。

5　教会で行う課題と可能性

今回私たちが実習を通して行ったチャペルのように、多様な礼拝の形やあり方は、新しい人を教会に招く手段として考えられます。ただし、具体的な内容や方法に関してその教会の本来のアイデンティティーと遠く離れてはいけません。なぜなら、新しい人が来て欲しいというだけで、今居る人たちに疎外感、違和感を感じさせることは新たな礼拝形式を考える趣旨とその意味がなくなるからです。また、教会内には多様な背景を持つ人がいます。同じ教会で育ったとしてもそれぞれの好みが異なります。教会内において、多様な背景は教会内の分裂や相互理解の難しさの要因となってしまう可能性があります。そして、教会で音楽を用いるとき、新しい賛美歌は受け入れるのが難しく、会衆の一部には歌えないと感じさせ置き去りにしてしまう可能性を持っています。

しかし新しい賛美歌は、世界中の音楽と親しむ機会を与え、神学的にも信仰的にも新しい発見を会衆にもたらす役目を持っていると考えられます。一つの方法として、会衆に負担なく新しい賛美歌を礼拝に持ち込むため、まず聖歌隊から新しい賛美歌に取り組むことが考えられます。礼拝で受け取る音楽として賛美すれば、初めて聞く曲であっても、そのハードルはとても低くなるでしょう。音楽が豊かであれば、礼拝全体の豊かさも増えます。しかしその豊かさの追求は牧師の独りよがりではなく、教会員と共に、そして教会全体の動きとなることが望ましいと思われます。そのために、教会修養会や家庭集会などの機会で、「賛美歌で語る私の信仰」や「賛美歌で読む聖書」などの取り組みを行い、賛美歌の多様性を実感できる機会を共有することができるのではないでしょうか。

最後に、今回の実習における受講生の感想のまとめです。教会的、信仰的背景、いわゆる礼拝に対する全理解が異なる中で共に礼拝を創ることは非常に困難でした。実際にチャペルを行った上で、受講者の中でも、またアンケートによるフィードバックの中でも肯定的な意見、否定的な意見の両面がありました。しかしその中で、否定的に感じる理由が書かれているものは多くありませんでした。それは、否定的に感じたとき、意見するのではなく、黙するか離れることで拒絶を選択してしまうことを象徴します。さまざまな「差」や「分断」がある中で今、私たちは礼拝に対して真に求めるものは何か、キリスト教の本質は一体何なのか、そして礼拝が何を目指すのか、ということが問われています。私たちは共に考え直さねばならない課題を、この実習を通して与えられました。

神学講演

宣教における音楽

その光と影

中道基夫

中道基夫（なかみち・もとお）
関西学院大学神学部、同大学院博士課程前期課程修了。ハイデルベルク大学神学部神学博士。関西学院大学神学部教授。
著書：『現代ドイツ教会事情』（キリスト新聞社）、『天国での再会　キリスト教葬儀式文のインカルチュレーション』（日本キリスト教団出版局）、他。

1　宣教に音楽は不可欠

宣教において音楽は欠くことができないものです。まさしく、“No Music, No Mission”もしくは“No Music, No Church”といっても過言ではないかと思います。

さあ今から教会を始めようとするならば、みなさんは何をそろえるでしょうか。聖書と賛美歌集ではないでしょうか。もちろん、礼拝堂、椅子や講壇というものが必要でしょうが、まず、聖書と賛美歌をそろえるのではないでしょうか。礼拝を開催し、そこで説教を行い、祈り、賛美歌を歌うということが、宣教の基本中の基本であり、聖書と賛美歌は、宣教の必需品です。もちろん賛美歌を歌わない礼拝というものも考えられませんし、音楽は教会において、そして宣教において不可欠のものであったと言えます。音楽が、日本の宣教史の中で果たしてきた役割について、概観してみたいと思います。

(ア)　宣教の有効な手段としての音楽――日本のプロテスタント宣教史の中で

①賛美歌と宣教

日本でプロテスタント宣教の開始は、一八四六年のバーナード・ジャン・ベッテルハイムの沖縄宣教であるとも言われていますし、また一八五九年の五月の聖公会の宣教師ジョン・リギンズ、同じく六月のチャニング・ウィリアムズの来日であるとも言われています。一八五九年一〇月には、ヘボン式のローマ字で知られているジェームス・カーティス・ヘボン、その後オランダ改革派教会からサミュエル・ブラウン、グイド・フルベッキが派遣されてきました。

この宣教の始まりに際して、部分的な聖書の訳はありましたが、新約聖書が一八八〇年に、旧約聖書が一八八七年に翻訳・刊行されました。一方賛美歌については、一八七四年に日本語賛美歌集としては最古と見なされるものが出版されています。ただ、それは一六曲ほどのものでした。三〇〇ないし四〇〇曲の歌を収録した本格的な賛美歌集が編纂されたのは一八九〇年頃のことであり、各教派の賛美歌集が編纂されたのは一九〇二年頃でした。つまり、日本の宣教の初めから、聖書にならんで賛美歌が宣教の必需品として考えられ、また実際そのように宣教地に持ち込まれ、またその土地の言語に翻訳されていきました。

日本の教会音楽の父と言われるのが、ジョージ・オルチン宣教師（組合派、アメリカンボード）です。

手代木俊一氏の著書『讃美歌・聖歌と日本の近代化』（音楽之友社）の中に、「音楽と宣教」という章があり、その中で手代木氏は、オルチンの言葉を借りて、日本の近代化の中で西洋文化、西洋音楽が取り入れられ、それが近代日本の音楽の基礎になったことを語っています。オルチンは日本の伝統音楽に敬意を払い、その音楽的な特性を理解しつつも、日本の近代化の中で、三味線や琴で演奏する日本音楽はすたれ、西洋音楽に向かっていくであろう、それは特に日本の伝統音楽は教会の賛美にふさわしくなく、日本のキリスト者は日本の伝統音楽を捨てて、西洋音楽を学ぶことの方が相応しいと語っています。

この西洋音楽の導入に大きな影響を与えたのが小学唱歌でありました。この日本の音楽の近代化、西洋化のために日本政府に招かれたのがルーサー・ホワイティング・メーソンでありました。このメーソンを通じて、小学唱歌の中に多くの賛美歌が取り入れられたわけです。

安田寛はその著書『唱歌と十字架』（音楽之友社）の中でその歴史を推理小説風に描いています。賛美歌を歌うことが日本における伝道に非常に有効な手段であると知ったアメリカの宣教師たちは、メーソンを通じて学校で子どもたちに賛美歌を歌わせることを通じて日本をキリスト教化したのではないかという仮説が描かれています。その真偽は確かめようがないのかもしれませんが、現代でもホテルや式場の結婚式で歌われる「いつくしみ深き」は「星の界」として中学唱歌集の中に入れられたために、賛美歌を知らない日本人でも歌える歌として社会の中に根付いています。その他、「蛍の光」「たんたんたぬきの」「むすんでひらいて」のメロディは賛美歌であったということをみるならば、賛美歌による日本のキリスト教化はあながち失敗ではなかったと言えます。

もちろん、歌詞を取ってしまえばメロディーは、宗教や文化の枠を越えることができるとも言えます。日本は、賛美歌の中身（歌詞）を捨てて、その器（メロディ）だけを用いて日本的なものを入れ込んで日本のものにしてしまったのかもしれません。しかし、まったく馴染みのない、むしろ嫌悪感さえ持つかもしれない異質なキリスト教を日本に浸透させた賛美歌という器は有効な伝道手段であったと言えます。

ちなみにメロディが賛美歌のような感じもする「ふるさと」の作曲家として知られている岡野

貞一は鳥取教会で受洗し、岡山教会に移り、東京音楽大学を卒業して亡くなるまで本郷中央教会でオルガニストを勤めていました。また、この本郷中央教会が、明治期の日本における西洋音楽の接点として重要な役割を果たしたのです。

第二次世界大戦後、キリスト教ブームの中で賛美歌集が不足しており、アメリカからの寄附によってアメリカで九万部の『讃美歌』（昭和六年版）が印刷され、日本の宣教に用いられることになりました。後ほど、歴史の中で賛美歌が果たした宣教的な役割を見ていきますが、このような出来事を見るだけでも、音楽なくしてキリスト教の宣教は成り立たないということが言えます。

②ラクーア伝道

音楽伝道の最も顕著な例として挙げられるのが、兵庫県の教会に大きな影響を与えたラクーア伝道です。ラクーア伝道は、一九五四年から一九六〇年までアメリカの合同メソジスト教会の牧師であったラクーア夫妻と二人の女性による伝道活動でした。トレーラーにマリンバやハモンドオルガンを積み日本の教会を巡回し、野外にて音楽伝道を行いました。一二八の町々を回り、四三万人の聴衆を集めて、およそ三万八〇〇〇人の決心者を導き、三一の教会を誕生させました。

このラークア伝道の魅力は、まさに音楽であったと言えます。そのプログラムは単純なものであり、四〇分間の音楽演奏の後、ラクーアが翻訳付きでメッセージを語りました。その後、決心の時を持ち、決心者を募るという、いわゆる一般的な伝道集会の形式でありました。

なぜ人々は、ラクーア音楽伝道に魅了されたのかということは明確ではなく、ラクーアのメッセージが強烈な印象と感動を与えたというわけではなく、穏当な福音理解を持つメソジスト教会の説教であったそうです。やはり、その美しく、そして新しい音楽とその演奏こそがラクーア音楽伝道の魅力であったのではないでしょうか。

③青年伝道における音楽

現代においては、青年伝道の要となるのが音楽ではないかと思われます。数の上だけでありますが、多くの青年が集っている教会では音楽は盛んです。それも現代音楽、イエスや神に対して二人称で呼びかけるワーシップ・ソング、ゴスペル・ソング、コンテンポラリー・クリスチャン・ミュージック（ＣＣＭ）と言われる現代音楽にキリスト教信仰の内容を載せた音楽が、これまでの賛美歌、オルガンを中心として演奏される賛美歌の枠を越えて広まっています。青年が集まっている教会では、従来の小学唱歌に取り入れられた賛美歌のような音楽ではない現代的な音楽が、ドラムやエレキギター、ベース、キーボードを用いたバンドによって演奏され、賛美リーダーによって導かれるような音楽活動がなされています。

現代的な音楽を取り入れないでこれからの宣教の展開はないと主張し、また実感している教会は多いのではないでしょうか。また、そのような成功事例を見たり、また古くからの賛美歌、特に古い旋律やリズムの賛美歌がむしろ青年伝道の妨げになっているということも考えるならば、現代の日本の宣教の閉塞感を打ち破るのは音楽であるといえるかも知れません。

しかし、これがこの講演の結論ではなく、むしろ本当にそう言い切っていいのかということが、この講演のそもそもの問いであります。

2　キリスト教音楽のインカルチュレーション

さらに音楽と宣教との関係で新しい局面、現代の特徴を少し見てみたいと思います。

一九九六年ブラジル・サルバドールにおいて「一つの希望に召されて――諸文化における福音」というテーマのもとに開催された第一一回世界宣教・伝道会議では、特にマイノリティーの視点を重視し、欧米中心的なキリスト教理解から脱して福音と文化の関係について問い直すことがなされました。この会議において、世界中で多様な形で展開している福音のインカルチュレーションの諸例が紹介され、インカルチュレーションへの関心が高まったのです。八十数カ国からの六〇〇〇人を越える参加者は、それぞれの国や教会における福音と文化との出会いの経験を披露し、それを共有しあいました。彼らが紹介したインカルチュレーションは、音楽、芸術、礼拝に広がるものであり、その信仰表現の多様性は教会の豊かさのみを表すのではなく、ヨーロッパ中心主義のキリスト教理解との決定的な決別を実感させるものでした。この会議からインカルチュレーションが始まったわけではなく、ここでこれまで生まれてきたさまざまな非ヨーロッパ的な事例がインカルチュレーションとして世界的に共有されることになったわけです。

このサルバドール世界宣教・伝道会議は、多様なキリスト教文化にスポットライトをあてただけではなく、それは「ヨーロッパの神」への別れの瞬間でもありました。つまりこれまでの宣教とはヨーロッパ・キリスト教文化の輸入であって、アジア・アフリカ・南米の西洋化を意味するものでありました。しかし、インカルチュレーションという考え方は、アジア、アフリカ、南米のいわゆる「若い教会」の欧米中心の宣教からの解放を意味するものであったわけです。

どちらかというと、日本では自ら進んで欧米文化を取り入れることによって、近代化していったために、このインカルチュレーションにおける「ヨーロッパの神」との別れ、欧米中心の宣教からの解放という実感が少ないかもしれません。先ほどの賛美歌と小学唱歌による日本の音楽の近代化でも見てきたように、むしろ日本では欧米化を欧米からの恩恵のように捉えている傾向がありますo欧米から伝えられたキリスト教文化に憧れを持っているために、欧米の宣教に対する批判的継承が十分になされていません。

宣教においては、その土地の宗教や文化と結びついている民族楽器・民族音楽の使用が禁止され、ヨーロッパの賛美歌をオルガンを用いて、ドレミファソラシドの音階に従って歌うことが求められてきました。おそらく、その土地の人たちを一段低い文明から引き上げ、誤った宗教やそれに基づいた文化から解放することが宣教であると理解していたと思います。

ところが、第二次世界大戦後、欧米諸国によるアジア・アフリカ・南米の植民地支配が批判されるとともに、帝国主義的キリスト教宣教が批判されました。そして、それから五〇年ほどの年月を経て、ようやくキリスト教文化のインカルチュレーションということが宣教の課題として叫ばれるようになってきたわけです。

このことは、日本でも一九九七年に編纂された『讃美歌21』にスペイン語、スワヒリ語、タミール語、フィリピノ語等の賛美歌が取り入れられたことに顕著に表れています。また、一九九五年にＷＣＣなどのエキュメニカルな集会や会議で紹介された世界各国の賛美歌を編纂したエキュメニカルな賛美歌集“Thuma Mina”を日本では二〇〇四年と二〇一一年に『Thuma Mina　世界のさんび１・２』として出版されたことなどがその象徴であると言えます。

3　グローバリゼーションにおけるキリスト教音楽のインカルチュレーション

グローバリゼーションの渦の中で、また情報化社会の発展によって、以前は遠くにあった文化や宗教の要素が、簡単に日常の中に入り込み、多元的社会を形成していきました。人々はそのように国境を越えて入ってきた多種多様な文化的・宗教的要素を自分の好みに従って選択し、組み合わせ、生活の中に組み入れることができるようになってきたわけです。

インカルチュレーションによって話題になった民族性を持ったキリスト教文化も重要な課題ですが、現代では、特に音楽においては民族や地域、文化圏によらず、メディア、通信手段によって五〇年前とは考えられないほど速く、広く音楽文化を共有するようになってきたのではないでしょうか。

キリスト教音楽のインカルチュレーションと言っても、もはや日本では琴や三味線による演奏や日本独特の五音階の音楽が作られたたり、日本民謡で賛美歌が作られたとしても、面白い企画ではありますが、おそらくそれがもはや日本の教会音楽とはならないでしょう。

韓国の留学生の金省延さんに紹介していただいた韓国の青年クリスチャンの中で起こっている音楽とＳＮＳを結びつけた宣教活動の一つとしてWELOVEというムーブメントがあります。ここでは音楽が非常に大きな役割を果たしていますが、ここで演奏されているのが特段韓国的な音楽というわけではありません。おそらく日本でも、またアメリカでも同じような音楽が若者たちの間で演奏されていると思われます。もう一つは、これがライブハウス、窓のないクラブハウスで行われているということです。つまり、非常に効果的に音楽を演奏することができる空間、音楽機材やその音楽を効果的に響かせる機材、音響空間が整っている場所が求められる。長い説教を座って黙って聞くということよりも、バンドによって音楽を演奏し、その音楽に合わせて会衆が共に歌ったり、体を動かしたり、自由にその音楽に自分を合わせていけるのにふさわしい空間が求められているということです。それから、これがここで礼拝するということよりも、この礼拝を録画し、その映像をＳＮＳで発信することにふさわしい空間が求められているということです。

4　音楽が変わると、礼拝が変わる

新しい賛美歌を礼拝の中で歌うとすると、説教が変わる、聖書解釈が変わる、教会が変わります。賛美歌には神学がある。その神学を見ずして、音楽の情緒性や、また人の心を動かす音楽の力に魅了されるならば、神学は音楽に支配されてしまうことになりかねません。

音楽なしに教会も宣教もあり得ないでしょう。そして、音楽がこれからの宣教においても、特に青年伝道においても大きな効果を発揮することが期待できます。しかし、それは礼拝で四曲ほど歌う賛美歌の中の一曲を少し若者向けの曲にしたらいいというわけではなく、教会の全体的な宣教方策としてどちらを取るのかが迫られているようにも感じます。「私と私の教会は、〇〇音楽を取り入れます。さあ、あなたたちはどうしますか」と決断が迫られているような感じもします。

しかし、大きな力と影響力、魅力を持つ音楽は、教会内を二分する可能性を持っています。音楽は宣教において大きな力を持ちます。その力はとても魅力的であり、有効に用いればそれは効果的であると言えますし、そこに新しい霊性の可能性を見いだすことができます。特に青年伝道においてはとても大きな影響力を持つと思われます。だからといって、マリンバとハープの演奏では難しいでしょう。トレーラーで各地を回るよりも、ＳＮＳで拡散した方が効果的でしょう。ただし、それは楽な（ラクーナ）伝道ではなく、大きな努力と投資を必要とします。

5　教会の音楽・若者の音楽

特に宣教と音楽に関わる青年と音楽について少し考えてみたいと思います。

（ア）若者と音楽

最近の音楽心理学の研究では、小学校の段階では、学校で聞く音楽、つまり与えられた音楽と日常的な音楽との違いはそれほど大きくありませんが、中学・高校になると与えられた音楽と自ら選ぶ日常生活の中での音楽には大きな差が出てくると言われています。つまり、中高生になると与えられた音楽、既成の音楽ではなく、自分たちの音楽を求め、そしてその音楽により親近感を覚え、自分たちの音楽という意識を持つと言えます。教会学校に小学生までは来るが、中高生になると来なくなるというのは、単にクラブや学校が忙しくなるということではなく、教会で与えられる歌と自分たちの音楽が合わなくなってきているからであると言えます。

それだけ、音楽を聴くということ、また音楽を演奏するという音楽行動が青年たちに与える影響は強いということが言えます。身の回りにはさまざまなメディアがあるわけですが、特に若者の音楽との関わりが顕著であり、音楽が特別な存在であることが分かります。街ゆく若い人たちの多くがイヤフォンをして、何かしら音楽を聴いているのを見ると、音楽が特別な存在であることが分かります。そして、この音楽が若者のアイデンティティー形成に大きな役割を担っていると言われています。先に述べたように、アイデンティティーを形成する中学・高校時代では、大人によって与えられた音楽とは違うものに向かうことによって個人的アイデンティティーを確立しようとします。しかし、同時に音楽を通して同世代の仲間との関係を強め、成熟したものにしようとする傾向があると言われています。仲間との良い関係を維持することによって自らのアイデンティティーを形成しようとしていると言えます。

これは現代の若者がそうなのではなく、昔の若者も大人への反発を歌で歌うことで表現してきたわけです。「戦争を知らないこどもたち」（一九七〇年）では大人に理解されない若者たち、また大人に反発する若者たちができることは「歌うことだけさ」と歌っているのに象徴されていると思います。そして、当時二〇歳、三〇歳の方、そして現在七〇歳、八〇歳になった方々はこの歌を歌うことによって、その上の世代への反発と同じ世代の人たちとの一体感を感じられたのではないかと思います。

「若者たち」は六〇年も経つともはや「若者たち」ではなく、「中高年たち」でしかないわけです。しかし、皮肉なことに、現代の若者たちは、この歌によって社会的アイデンティティーを形成した世代の人たちに反発することによって、自己のアイデンティティーを形成し、違う歌を同世代と歌うことによって社会的アイデンティティーを獲得しようとしています。

つまり、各世代はそれぞれに音楽で反発することで個人的・社会的アイデンティティーを構築してきたのです。

このことは日本の教会の賛美歌、音楽でも同じことが言えます。キリスト教の賛美歌は一四〇年前、日本では近代化の象徴でありました。安田寛『唱歌と十字架』に描かれているように、明治時代に新しい時代の幕開け、近代化の象徴として学校教育の中に取り入れられた『小学唱歌集』によって日本に西洋音楽がたたき込まれることになりました。この歌集によって日本音楽が西洋化したと言えます。つまり、賛美歌は明治維新後の日本人、特にその当時の若者たちのアイデンティティーの形成に大きな影響を与えました。しかし、その賛美歌を乗り越えることによって、現代の若者たちは自分たちの個人的、また社会的アイデンティティーを形成しようとしているといえます。

特に、宣教ということにおいては、伝統的な日本の文化に反発し、日本の文化にはないものを自ら身に付けることによって新しい信仰者としてのアイデンティティーを身に付けたのではないかと思います。カウンターカルチャーを持つことによって、はっきりとした自己を形成していったのかも知れません。

教会音楽のインカルチュレーションも同じことだと思います。つまりヨーロッパのキリスト教への反発、ヨーロッパの神との別れを表現するために民族音楽で神を賛美することによって自らの教会のアイデンティティーを形成してきたのではないでしょうか。これは、決して新しいことではなく、ルター派は、カトリック教会とは違う歌を歌うことでルター派の意識を高め、カルヴァン派はカトリック教会でもルター派でもない音楽を歌うことでカルヴァン派の意識を高めていきました。そして、その後の敬虔主義、ピューリタン、福音派、カリスマ派は、今まであった教会と違う歌を歌うことによって新しい教派の意識、所属意識の強化、古い教派との差別化を図ってきたわけです。

教会の年配者が、若者たちに自分たちの好きな曲を歌わせようとしているところにもう無理があると言っていいかもしれません。信仰の継承はなく、むしろ信仰は反発することによって強められるのではないかと思います。

Hill Song が複雑化したキリスト教、頭中心になった教会への反発であるとするならば、それはそれとして聞かなければならない。その反発に反発することでしか私たちの神学、教会、宣教は発展しません。

もちろん反発というのは否定を意味するものではなく、受容した上で、それを乗り越えていこうとする愛ではないかと思います。そこにプロテスタントの根本的な信仰姿勢があります。

若者はある特定のグループへの所属意識を持ちたいために、そのグループの好みの音楽を自分の好みの音楽とするとも言えます。もしそうであるならば、若者は教会の音楽が自分の好みに合わないから教会に来ないのではなく、教会が自分の好みに合わないから教会の音楽が好きではないということが言えます。教会が若者を教会に招こうとして、若者の好きそうな音楽を取り入れたところで、その教会、キリスト教に魅力がなければ、空振りに終わるということです。

教会がPOPな音楽を演奏しているから教会に来ようと思うのではなく、教会がPOPな音楽を取り入れ、自分たちに近くの存在となり、自分がそこに居場所を見いだし、そこに自分の社会的アイデンティティーを見いだすので、「その教会」の音楽が好きになるのではないでしょうか。また、違う言い方をすれば、教会に居場所を見いだし、そこで語られる福音に魅了されるならば、そこで演奏される曲が一〇〇〇年前のもの、二〇〇年前のものであってもその歌が自分の好きな音楽になると言えます。ヨーロッパ、そして日本でもテゼの礼拝や集会に若い人が集まるのは、決してPOPな音楽が演奏されているからではなく、そこに居場所を見いだしているからではないでしょうか。テゼの曲はむしろ古い曲であるといえます。しかし、そのテゼ共同体が持っている神学に、自分たちを取り巻く社会の歪みや自分たちを束縛する力を打ち破るものを見いだしているために、テゼの曲を自分たちの歌として歌えるのではないかと思います。

フランスの作家であるパスカル・キニャールが『音楽への憎しみ』という本の中で、「音楽はあらゆる芸術の中で、ドイツ軍が一九三三年から一九四五年にかけて行ったユダヤ人殲滅運動に協力した唯一の芸術だ」と語っています。収容所の中で、囚人によって音楽隊が組織されていたそうです。そして、この音楽隊は、強制労働に赴く囚人の労働意欲を高揚させるために毎日音楽を演奏していたということです。その事実に対して、キニャールは「音楽は人間の体を強姦する。音楽は立たせる。音楽のリズムは身体のリズムを魅惑する。音楽に出会うと、耳を閉じることができない。音楽はそれ自体で一つの権力なので、あらゆる権力と結びつく」とまで語っています。そして、音楽は従順さを増し、音楽が持つ非個人的で、非個性的な融和の中に抑留者を溶かし込むためだった。音楽には「思考を鈍らせ、苦痛を眠らせる連続したリズムによる睡眠」であるという言葉を語っています。

もし教会の音楽が、現実の苦悩を忘れさせ、束の間の至福をわれわれに与えるものであるならば、社会の不義に抗うことを忘れさせ、私たちの思考を鈍らせて一時の幸せを与えてくれるとするならば、音楽は荒野の誘惑に悪魔がイエスに囁いた言葉に似ていることになります。

音楽なしには教会はあり得ない。音楽なしには宣教はあり得ない。しかし、音楽が宣教を支配するとき、それはもはや宣教とは言えない。音楽は人間を幸せにしてはならない。現代、音楽の力が非常に大きくなり、効果や結果を追い求める風潮がある中で、人間を救うのは福音だけであるということを強く再認識しなければなりません。

パネルディスカッション

音楽・宣教・教会の「いま」そして「これから」

加納和寛・荒瀬牧彦・
水野隆一・中道基夫

加納和寛（かのう・かずひろ）
関西学院大学神学部准教授。

荒瀬牧彦（あらせ・まきひこ）
日本聖書神学校教授。

水野隆一（みずの・りゅういち）
関西学院大学神学部教授。

中道基夫（なかみち・もとお）
関西学院大学神学部教授。

加納和寛氏

加納　この二日間でご講演いただいた水野隆一先生、荒瀬牧彦先生、中道基夫先生にご登壇いただいております。講演では、それぞれの立場からお話しいただいたわけですが、お互いの講演をお聞きになって、追加や補足があればお願いします。

水野　中道先生の話にもありましたが、分断は顕著だと改めて思いました。同じ教会で時間を分けてトラディショナル、コンテンポラリーの礼拝が別々に行われているのは分断の固定化に思えます。それでは役員会はどうやって構成するのか、トラディショナルから何人、コンテンポラリーから何人というようにするのかということにもなるでしょう。そうなってしまうと一つの教会と言えるのかという問題があります。混合型の礼拝という解決策もあり得ますが、言ってしまえば寄せ集めのような礼拝で「一つのメッセージ」を作れるのかという危惧はあります。

荒瀬　ヒム・エクスプロージョンの前史にあたることに講演では触れられませんでした。「もっと日常の言葉で歌えないか」という問題提起が二〇世紀半ばに英国で起こりました。「二〇世紀フォークミサ」やそれに呼応する動きは、教会の停滞状況を打破しようとして生まれたという挑戦的な側面を持っています。たとえば「おどり出る姿で」（『讃美歌21』二九〇）というシドニー・カーターのフォーク調の賛美歌があります。原詞は一節から四節まではどれもI danced（私は踊った）で始まり、十字架と埋葬を描く五節の終わりでは「しかし、私は踊りである。この踊りは続くのだ」となります。この「私」はイエス様です。通して読むと、この「踊り」には生ける神の命という含蓄があることに気が付きます。カーターは、「踊り」を忘れ、生き生きとした神の命から離れてしまっている教会への批判と警告を込めているのです。ところが日本語の訳詞では「おどり出る姿で主イエスは」と三人称で訳しています。字数を多く要する日本語の限界があって仕方がないことなのですが、原詞が持つ刺激的で挑戦的な面が著しく失われています。このような仕方で、新しい賛美歌が持つ「とげ」を抜いて、「親しみやすい歌」に飼い馴らしてはいけない側面がある、ということを指摘しておきたいと思います。

中道　水野先生、荒瀬先生にお聞きしたいのですが、いま私たちが使っている賛美歌集には五〇〇曲以上の賛美歌が収録されていますが、一回の日曜日の礼拝で歌う賛美歌を三曲とすると、年間五〇回の日曜日の礼拝があるとして計一五〇曲です。そうすると、五〇〇曲以上の中から、一五〇曲を選んで、昔から歌われているものを歌い、さらに新しいものを歌って、いったいどれだけのものが次の世代へ継承されていくのだろうかと考えてしまうわけです。教会の外へ目を向けると、流行曲というのはものすごい勢いで消費されて、すぐに消えてなくなります。では賛美歌はどうなのか、良い曲を残すにはどうすればいいのだろうかということをお聞きできればと思います。

水野　賛美歌に関しては、「いい曲」が残るのではなく、残った曲が「いい曲」だとしか言いようがありません。ただ、リバイバルがないわけではありません。一六世紀に作られたジュネーヴ詩編歌は、一九七〇年代に入ってから再評価されました。また、新しく編集された賛美歌集に、どこかの教会の創立記念で作られた賛美歌が収録されるということも稀にあります。とにかく作り続けるしかないと思われます。たくさん作り続けていけば、残るものの比率が上がります。

荒瀬　私は作詞をする人間なので、みんなに歌われる、歌い続けられる曲をつけてほしいといつも願っています。シンガビリティ（歌いやすさ）は大事です。同じチャールズ・ウェスレーの歌詞に、たくさんの作曲者が、異なるたくさんの曲をつけ、結果として歌いやすい曲がウェスレーの歌詞を残します。ウェスレーは六〇〇〇以上も賛美歌の歌詞を書きました。けれども、現在でも愛唱されているものはほんの少しです。さまざまな要素が組み合わさって残る歌が生まれるので、人の知恵でこの賛美歌は残るかどうかということを考えてもあまり意味はないのではと思います。今ここで必要なもの、歌いたいものを作るしかないと考えています。

加納　それでは講演を聴いた参加者から寄せられた質問にお答えいただければと思います。一つ目です。「ボイストレーニングは必要でしょうか？」

水野　クオリティーの高さは重要だと思います。これはトラディショナル、コンテンポラリーどちらにも言えると思います。私の講演ではヒル・ソングの映像を紹介しましたが、そのクオリティーの高さには驚かされました。そして、このクオリティーなら受け入れられると個人的にも感じました。その意味で、教会で賛美歌のリーダーになる人はボイストレーニングを心がけるべきだと思います。近年、奏楽者の不足が問題になっていますが、機械による伴奏でぎこちなく歌うよりは、伴奏なしで歌う練習をしてもいいのではないでしょうか。分断を乗り越える解決策の一つとして提案したいと思います。

荒瀬　私は音楽家ではないのでなんとも言えないのですが、会衆賛美の全体としての「響き」は大事だと思います。会衆賛美の時に、上手な人が朗々と歌うと、場合によってはほかの人の歌声を阻害することがあります。私の教えている日本聖書神学校では賛美歌を歌う授業があるのですが、美しい声の人が何人かいるクラスの全体合唱がいいかというと、必ずしもそうではありません。互いに聴き合うこと、響き合うことを教えたり、習ったりすることの重要性を感じます。

荒瀬牧彦氏

中道　説教では、心にないことを言っても伝わりません。たとえば、「危ない！」と誰かに向かって言っても、まるで相手の肩を強くつかむように言わなければ、話し手の言葉は相手を動かすことができないですよね。賛美も同じではないか、と自戒をこめて思います。

加納　二つ目の質問です。「賛美歌・聖歌の文語・口語についていかがお考えですか？」

水野　私の個人的な意見ですが、口語化を進めるべきだと思います。歌の場合、文語的表現を取らざるを得ない場合も存在します。コンテンポラリーの賛美でも文語表現はよく見られます。現場報告で柳本先生が指摘しておられました。「文語かっこいい。でもそれは中二病かもしれない」。なぜ文語はかっこいいのでしょうか。文語を歌う自分がかっこいいという部分があるかもしれません。なぜ、主の祈りや使徒信条を文語で唱えるのでしょうか。教会の外には知られたくない「秘密の言葉」だからという側面があるかもしれません。かつて教会では洗礼を受けていない人が外に出されたあとで、信仰告白と主の祈りが唱えられ、聖餐が行われました。こうした私たちの心理を乗り越えるためにも、口語化するべきだと私は思います。

荒瀬　私は文語もいいなあと思います。中二病かもしれませんね。俳句や短歌のことも意識しますし、少ない音節数で気持ちを表現できます。「主よ、憐れみたまえ」などですね。ですから文語と口語を厳密に分けずに混在させてもいいのではと思います。『讃美歌21』は、その前の『讃美歌』一九五四年版に残っていた「文語こそ美しく尊い」という偏りを乗り越えるという課題があったので、かなり強く口語化宣言をしたわけですが、それから二〇年以上たった今は、もう少し違う問題を考える時期に入っているように思います。

たとえば「主」という表現は、包容的言語の使用という観点からするとなるべく減らしたいのですが、賛美歌の歌詞としては、一音節ですむので、つい使ってしまうわけです。こうしたことも今後もっと多面的に考えていかなければなりません。そうすると、もはや文語か口語かという問題ではないのではとも思います。

水野　補足しますと、私たちが分かる文語は、実は口語の一部なんです。文語だけでしゃべることも書くこともできませんよね。つまり口語の文章に文語を混ぜているわけです。その意味では、荒瀬先生のご意見は私の意見とほとんど同じだと感じました。

水野隆一氏

中道　覚えやすい表現は大事だと思います。たとえば、ドイツ語の主の祈りは古いドイツ語なんですが、ドイツ人は暗記できます。対して日本語の主の祈りは決して暗記しやすいものではないように思います。日本語の賛美歌の詞は美しく高度なものですが、覚えやすさという点をもっと意識してもいいのではと感じます。

もう一つは、年齢別の言葉の分断は進んでいる一方で、若い人たちも古い表現を意外と好んで歌うことがあります。これは最近のＪ－ＰＯＰの歌詞を見ても顕著です。

加納　次の質問です。「テクノロジーの導入についてどう思いますか？」

水野　アメリカの合同メソジスト教会の賛美歌集 “*The United Methodist Hymnal*” はすべてデジタル化

中道基夫氏

されていて、歌詞がうろ覚えでも検索できるようになっています。礼拝の中でプロジェクターで楽譜を映写することも、曲の自動演奏も、礼拝の規模などに応じて使用料を払えばすべてできます。『讃美歌21』はそういった使われ方をあまり想定せずに編集されたので、著作権の関係でデジタル化が難しいのが実状です。次の賛美歌集を出す時には考えなければならないと思っています。もっとも、アメリカでこういうことができるのは、利用者が多いからビジネスとして成立するという面もあります。

　一方で、音声合成技術による賛美歌演奏は、私には違和感が残ります。いわゆる「アニメ声」だからかもしれません。ただ、それに親しみを感じる人がいることは否定しません。

荒瀬　賛美歌を創作している人の中には、自作の賛美歌集につけるサンプルCDに、音声合成技術による演奏を入れている人もいます。いわゆる「アニメ声」で、私も個人的には違和感があるのですが、歌い方の例を示すということで、楽譜が読めない人には有効な手段かなと思いました。

中道　新しいテクノロジーの導入は避けて通れないと考えています。私たちの子どもの頃にはスマートフォンなんか存在しませんでしたが、今の子どもたちは生まれた時から触っています。技術はさらに進歩するでしょうから、最新のテクノロジーなしには未来は考えられないと思います。問題は、技術革新のスピードがどんどん速くなっていることです。これをどう取り上げていくかが教会にとっても緊急の課題であると感じます。

加納　最後の質問です。「賛美歌のせいで礼拝から排除される人がいるのではないですか?」

水野　楽譜が読めない人について言いますと、賛美歌集に楽譜が載っているのはアメリカの影響です。ヨーロッパで会衆が使う賛美歌集の多くは歌詞のみのバージョンです。大半の人にとって、賛美歌のメロディーというのは耳で聴いて覚えるものです。ですから楽譜が読めないからといって礼拝から排除されるということにはならないと思います。

「自分は楽譜が読めないから新しい賛美歌は歌えない」と言う牧師たちには、自分で楽譜が読めなかったり、楽器が演奏できなかったりするというのであれば、他の人に助けてもらったり、他の人の演奏を聴いたりするという努力をしていただきたい。そうお願いしたいと思います。

また、歌ったり聴いたりすることが難しい方々に関して言えば、そういった方々が一緒に礼拝をする一員として受け入れられているかどうかという問題であろうと思います。手話での賛美はその試みの一つになるかと思います。また「個」として礼拝に参加するということについて言えば、必ずしも声帯を震わせなければいけないかというと、そうでなければならないということもないのではないかと私は思います。歌詞に心の中で触れ、見つめ直すことも重要でしょう。

荒瀬　大事な問題だと思います。以前、聴覚障がいのある方が出席しておられる教会で定期的に説教していたことがあります。説教は事前に筆記したものをお渡ししていたのですが、賛美の時は特別な配慮はしていませんでした。にもかかわらず、賛美の時間は決して退屈な時間ではないとその方は仰っていたんですね。音声は聞こえなくても、振動は伝わります。みんながぼそぼそと退屈そうに歌うようでは、良い振動は伝わりません。全身全霊で体を揺らしながら歌う人が大勢いたりすれば、その振動は他の方にも肌で伝わるでしょう。その意味ではカリスマ的な礼拝から学べるものがあるかもしれません。私たちは硬直し過ぎていないか、考える必要があると思いました。

知らない歌とか好みでない歌が礼拝で選ばれることをもって「排除」と感じる、ということだとすれば、福音理解の狭さや頑なさともつながってくる問題なので、簡単に「では皆が好きなものだけ歌いましょう」と言いたくありません。しかし、導入に際しての丁寧さや配慮は必要でしょう。ゆっくりの人を置いてきぼりにしないように。私などは、新しい、少し難しい歌をどんどん歌いたがる方なので、このことについてはよく考えたいと思います。

中道　子どもの場合、賛美歌は、まだ学校の音楽の授業で楽譜の読み方を習っていないうちから、教会学校で聞き覚えるという形で浸透します。そうした賛美歌教育の機会があることは教会の一つの強みかもしれません。

別のことになりますが、いろいろと重荷を抱えている時などは、賛美歌を自分では歌わないで聴いていたいなと思うことがあります。最近は起立するのもしないのも自由ですよとアナウンスしてくれる教会が増えましたが、それでも自分以外はみんな起立している中で座り続けるのは難しいものがあります。賛美歌も、歌っても歌わなくてもいいというような雰囲気が教会にあってもいいのではないでしょうか。

加納　三名の先生方、ありがとうございました。

閉会礼拝

賛美いろいろ

井上　智

井上　智（いのうえ・さとし）
関西学院大学神学部助教
2002年関西学院大学大学院神学研究科修了、博士課程後期課程満期退学。2002年より、岩手県にある日本基督教団日詰教会主任担任教師、日詰幼稚園副園長となる。2005年には園長となりキリスト教保育に携わる。2010年度には認定こども園ひかりの子を開設し保育所を開所、2016年度より関西学院神学部教員（旧約聖書学担当）、2019年度より関西学院宗教センター宗教主事に就任。現在に至る。

閉会礼拝(1)

式文構成：井上　智

本文中の「注」は、この式文を礼拝の場で用いることができるようなヒントを入れることを中心としました。

準備物：ヒムプレーヤー(2)
使用楽器(3)：パイプオルガン、ギター、ピアノ
座席配置：左右に座席があり、真ん中に通路がある座席配置としました。(4)
所要時間：三〇〜三五分(5)

前奏　（パイプオルガンによって）

〈交わりの確認(6)〉

(1)　今回の神学セミナーのテーマは「賛美」ということで、礼拝で用いられる楽器の歴史をたどるような式文構成とした。
(2)　前もって操作方法などを確認しておき習熟しておくことが望ましい。ヒムプレーヤーがない教会は用いなくてもよい。
(3)　この式文の狙いはさまざまな楽器に触れることでもあるので、そのほかにリコーダー、ピアニカ等を用いてもよい。CDなどからの音源を用いて聞くことにしてもよい。
(4)　場合によっては楽器を囲むような座席配置でもよい。
(5)　説教の時間を二〇分ほどにすると一時間の礼拝とすることができる。また、説教を短くして賛美歌を多く入れて

今、私たちは、「第五四回神学セミナー」の閉会礼拝の時を持とうとしています。それぞれ、さまざまな理由からこの神学セミナーに参加されたことと思います。賛美について学ぼうと思って来られた方、毎年の恒例行事のように考えて来てくださった方、音楽の力について考えたくて来られた方などなど。どのような理由があったとしても私たちは、キリストにあって一つです。改めて、今回のこの交わりの確認をしてみたいと思います。今から、いくつかの質問をいたします。手を大きくあげてお答えいただければと思います。答えたくないものについて、無理に答える必要はありません。

①甲東園からバスで来られた方
②今日、朝ご飯はパンだった方
③教会などの現場で何かしら取り入れてみよう思われた方
④学びの多い、神学セミナーだったと思われる方
⑤来年度も来てみたいと思われた方

ありがとうございます。

さまざまな方が、さまざまな思いを持って、この神学セミナーに

もよい。

（6）あえて、参加型の礼拝にしたかったので各自が簡単に答えられるような質問を設定した。人権に配慮した問い（例えば、男性・女性という問いはやめるなど）となるように考えたい。賛美の仕方等にもいろいろあるように、さまざまな方々が集っていることを確認する意味も込めた。

参加され、そして、今、私たちの内に小さな交わりが生まれました。キリスト者の交わりは小さなものです。

しかし、私たちは一人ではありません。それぞれの地域で、それぞれの生活する歩みの中で、励まされ、新たに歩み出しましょう。

賛美『讃美歌21』五一二「主よ、献げます[7]」

解説

一—二：楽器なし

間奏

三—四：パイプオルガン

解説：そもそも、ほ乳類で歌を歌うのは人間に特徴的な行為だと言われています。声をだし、メロディーをつける。リズムをとり、手拍子や足踏みなどで音を出す。楽器が発明されるまでは、声が唯一のメロディーを奏でる手段でした。楽器のない、声だけで、一—二番は歌います。

パイプオルガンの起源は紀元前三世紀ごろ、北アフリカのクテシビオスが水力機関として発明した水オルガンと言われます。パイプ

(7) 賛美は主への応答のしるしでもある。そのために、「私」をささげることを歌うこの賛美歌を選んだ。「賛美」を中心とする礼拝とするなら、前もって教会・伝道所に集う方々の愛唱賛美歌を募集して選んでもよい。

オルガンは非常に歴史のある楽器で、その後、エジプトで「ふいご」が発明されたことによって、空気を送り込むシステムが水力から変化し、一九世紀になってモーター式にかわり現在へと至ります。声だけでなく楽器とあわせ三―四番を歌います。

〈み言葉に聞く〉(8)

聖書　出エジプト記一五章一―五節

モーセとイスラエルの民は主を賛美してこの歌をうたった。主に向かってわたしは歌おう。主は大いなる威光を現し／馬と乗り手を海に投げ込まれた。主はわたしの力、わたしの歌／主はわたしの救いとなってくださった。この方こそわたしの神。わたしは彼をたたえる。わたしの父の神、わたしは彼をあがめる。主こそいくさびと、その名は主。主はファラオの戦車と軍勢を海に投げ込み／えり抜きの戦士は葦の海に沈んだ。深淵が彼らを覆い／彼らは深い底に石のように沈んだ。

（8）　歌を歌っている様子の聖書箇所を選んだ。その際、歌を歌うことの負の側面を表すような箇所も選んだ。賛美歌に限らず歌を歌うことは集団の意識を高揚させる側面もあり、その危険性にも触れたいと考え選んだ。

黙想

賛美する。歌を歌う。そのことによって、励まされ、強められ、新しく前に進む。そんな力を持っています。しかし、時には、賛美する、歌を歌うことが、暴力的に働くこともあります。賛美する。歌を歌う。その行為は、平和的な行為だけでなく、時に暴力的な行為にもなることがあります。そのような賛美する、歌を歌うこと、その力を、セミナーで学んだことと照らし合わせながら、黙想の時を持ちましょう。

聖書　詩編三三編一―三

主に従う人よ、主によって喜び歌え。主を賛美することは正しい人にふさわしい。琴を奏でて主に感謝をささげ／十弦の琴を奏でてほめ歌をうたえ。新しい歌を主に向かってうたい／美しい調べと共に喜びの叫びをあげよ。

黙想

賛美する。歌を歌う。私たちの内面が現れる時でもあります。古くから、人は歌い、賛美をしてきました。古くから、楽器が作られ、神への献げ物としてきました。主を賛美する仕方は、どんどんと新しくなります。新しい歌は今も作られているからです。新しい賛美、新しい見方。セミナーで学んだことと照らし合わせながら、黙想の時を持ちましょう。

聖書　ルカ二章一五―二〇節

天使たちが離れて天に去ったとき、羊飼いたちは、「さあ、ベツレヘムへ行こう。主が知らせてくださったその出来事を見ようではないか」と話し合った。そして急いで行って、マリアとヨセフ、また飼い葉桶に寝かせてある乳飲み子を探し当てた。その光景を見て、羊飼いたちは、この幼子について天使が話してくれたことを人々に知らせた。聞いた者は皆、羊飼いたちの話を不思議に思った。しかし、マリアはこれらの出来事をすべて心に納めて、思い巡らしていた。羊飼いたちは、見聞きしたことがすべて天使の話したとおりだったので、神をあがめ、賛美しながら帰って行った。

黙想

賛美する。歌を歌う。うれしい時、調子がいい時、私たちはついつい、鼻歌やハミングをしてしまう時があります。山登りをした時、ハイキングに行った時、歌を歌いながら歩いて行く。そんなことをした経験もあるのではないでしょうか。救い主の誕生の知らせを聞いた羊飼いたち。うれしさにあふれ、賛美している様子がうかがえます。セミナーで学んだことと照らし合わせながら、そんな賛美について黙想の時を持ちましょう。

聖書　ヘブライ人への手紙二章一一―一三節
事実、人を聖なる者となさる方も、聖なる者とされる人たちも、すべて一つの源から出ているのです。それで、イエスは彼らを兄弟と呼ぶことを恥としないで、「わたしは、あなたの名を／わたしの兄弟たちに知らせ、集会の中であなたを賛美します」と言い、また、「わたしは神に信頼します」と言い、更にまた、「ここに、わたしと、神が私に与えてくださった子らがいます」と言われます。

黙想
賛美する。歌を歌う。神をほめたたえ、礼拝の中で神を知らせることだとヘブライ人への手紙の著者は語ります。賛美する。歌を歌う。礼拝の中でのこの行為は、神への応答のしるしでもあります。セミナーで学んだことと照らし合わせながら、神への応答としての賛美について黙想の時を持ちましょう。

〈交わりの確認[9]〉

今、私たちは、「第五四回神学セミナー」の閉会礼拝の時を守っています。それぞれ、さまざまな理由からこの神学セミナーに参加されたことと思います。

私たちは、それぞれ、別な場所から集ってきました。改めてお聞きしてみたいと思います。

①兵庫県内の方
②大阪府内の方
③京都府内の方
④その他の方

ありがとうございます。

（9）二度目の交わりの確認では、「地域」に注目した。神学部主催のセミナーなので、さまざまな地域から一つの目的のために集まり、また散らされていくこととなる。そのことを確認するために参加者に問いかけ、答えてもらう要素を入れた。

さまざまな地域に住む方々が、さまざまな思いを持って、この神学セミナーに参加され、そして、今、私たちの内に小さな交わりが生まれました。キリスト者の交わりは小さなものです。

しかし、私たちは一人ではありません。それぞれの地域で、それぞれの生活する歩みの中で、励まされ、新たに歩み出しましょう。

賛美『こどもさんびか　改訂版』

一四「こえのかぎり　かみをたたえよ(10)」

解説

一度目：ギター

二度目：ピアノ

三度目：ギター・ピアノ

解説：ギターの原型は、ギターラにあると言われ、ギターラと関連のある楽器は一三世紀からの資料に見られるようになります。弦の数は四弦が一般的でした。現在のように六弦あるギターは一七世紀ごろに登場したと考えられています。なかなかギターが教会の賛美の中心となる楽器にはなりませんが、近年、用いる教会も増えて

(10)　いろいろな楽器が出てくるので、この賛美歌を選んだ。シンバルやチャイムなどがあっても楽しい。

きています。
一方世界で最初のピアノは一七〇九年にフィレンツェのクリストフォリが製作したと言われています。そもそもピアノは、弦をたたいて音がなる弦楽器の一種でチェンバロよりも大きな音がでるようにと開発されたパンタレオンの構造に大きく影響していると考えられています。弦楽器と鍵盤楽器が組み合わされて作られました。
今日は、特に一度目をギターで、二度目をピアノ、三度目を両方あわせて歌います。弦を弾いて音が出る仕組み、弦をたたいて音がでる仕組み。それぞれの音色を楽しみながら、歌いましょう。

〈み言葉に聞く〉

聖書　詩編一五〇編一—六節
説教　「息あるものはこぞって」
この詩編にはさまざまな「楽器」が登場します。角笛、琴、竪琴、太鼓、弦、笛、シンバル、七つの楽器です。しかし、詩編はヘブライ語で書かれており、日本語で翻訳された言葉と同じ楽器である確証はありません。むしろ、異なっている可能性の方が高いでしょう。角笛、琴、竪琴、太鼓、弦、笛、シンバル。私たちが知る楽器と全く同じわけではありませんが、多くの種類、弦楽器、管楽器、皮を用いた楽器、動物の角を用いた楽器があり、さまざまなリズム、音で、賛美していたことは確実です。そして、どこで、何のために、賛美したのかについても述べられます。

どこで？　それは、聖所で大空の砦でと記されます。原文を見ると、神さまの力を感じるところでといったことでしょうか。

何のために？　力強い御業、大きな御力のゆえに賛美したくなるのです。

歌を歌う。今回のセミナーでその「暴力的な側面」にも気づくことができたのではないでしょうか。賛美する。この行為にも同じ側面が潜んでいます。もちろん、このような負の側面だけではありません。正の側面もあります。慰められ、励まされ、力強められ……。だからこそ、古くから、人間は歌を歌ってきたのです。神さまを賛美してきたのです。「ハレルヤ！」と。

だからこそ、だれが賛美するのか語られるのです「息ある者はこぞって」と。今、私たちは、それぞれの生活する場所へと帰っていきます。改めて、私たちはなぜ賛美するのか？　神さまの御心にかなう歩みとはどのような歩みなのかについて考えたいと思うのです。いろいろな賛美は聖書の時代の伝統とも言えるでしょう。いろいろな楽器を用い、神さまの力を感じる、さまざまな場所で神さまを賛美してきたわけですから。何かを絶対視するのではなく、多様な賛美をもとめて、今回のセミナーで学んだことを受けて、改めて私たちが遣わされている場へと出て行きたいと思うのです。

祈り
セミナーのこと、帰りのこと、賛美のこと……

〈交わりの確認[11]〉

私たちはさまざまな方法で賛美することができます。楽器を用いないで、ピアノで、ギターで、リードオルガンで、電子オルガンで、パイプオルガンで……。教会でどのような楽器を用いて賛美しているでしょうか。

（11）　教会・伝道所で礼拝の時に中心的に用いる楽器も異なる。さまざまな賛美の仕方で礼拝を守っていることを確認するためにこの部分を入れた。教会・伝道所ではこの問いは、音色が好きな楽器、好きな色など多様な答えがでる問いとし、さまざまな人が集っていることを確認する内容としたい。

①ヒムプレーヤー
②パイプオルガン
③リードオルガン
④電子オルガン
⑤その他

ありがとうございます。

さまざまな地域に住む方々が、さまざまな思いをもって、この神学セミナーに参加され、そして、今、私たちの内に小さな交わりが生まれました。キリスト者の交わりは小さなものです。

しかし、私たちは一人ではありません。それぞれの地域で、それぞれの生活する歩みの中で、いろいろな賛美を味わい、励まされ、新たに歩み出しましょう。

賛美　『讃美歌21』三六一「この世はみな」(12)

解説
一：ヒムプレーヤー
二―三：パイプオルガン

(12) 当日は、ヒムプレーヤーの操作を誤り途中で途切れしまった。ヒムプレーヤーは途中からの音だしができないので、そのまますすめた。ハプ

解説：ヒムプレーヤーは、一九八四年に販売され、今年で三六年目を迎えます。二〇〇三年には大幅なモデルチェンジがなされ、音色やリズムなどが追加されるようになります。ヒムステーション、現在は生産中止となったヒムオルガンなども発売されています。オルガニストがおられない教会ではヒムプレーヤーが賛美歌を歌うための「楽器」として用いられています。今の時代だからこそできたヒムプレーヤーを用いて一番を歌います。

パイプオルガンは、二世紀ごろ古代ローマの闘技場でも用いられていたと言われています。そこでは甲高い音を立て、場内を高揚させる働きを持っていたとも推測されています。そのような道具でもあったパイプオルガンが、今では教会音楽を支える重要な楽器として用いられるようになりました。改めて、私たちは、神を賛美する道具の一つでもあるこの楽器で、主を賛美し、私たちの交わりを実感しましょう。二―三番を歌います。

祈り（集えたことの感謝(13)）

二人から三人ほど。

ニングが起きた際の対応などを前もって考えておいた方がよいと反省した。

(13)　この礼拝では牧師、奏楽者など三名の方にテーマを決めて自由にお祈りしていただいた。場合によっては決められた祈りをお渡ししてお祈りしていただいてもよい。

〈賛美に押し出されて〉

賛美　『讃美歌21』九二「主よ、わたしたちの主よ」

主を賛美する一人として出て行きなさい。

主なる神の愛と
主イエス・キリストの恵み
聖霊の親しき交わりがここに集った一人一人の上に、
セミナーを欠席せざるを得なかった者の上に限りなく豊かにありますように。

後奏

【参考文献】

金澤正剛『キリスト教音楽の歴史』日本キリスト教団出版局、二〇〇五年
金澤正剛『キリスト教と音楽』音楽之友社、二〇〇七年

越川弘英・塚本潤一・水野隆一編『教会音楽ガイド』日本キリスト教団出版局、二〇一〇年
守重信郎『楽器学入門』時事通信社、二〇一五年

あとがき

関西学院大学神学部・第五四回神学セミナーは「音楽と宣教と教会」と題し、二〇二〇年二月一七日（月）～一八日（火）の日程で、関西学院大学西宮上ケ原キャンパスにて開催されました。教会の宣教は常に音楽とともにあります。同時に音楽のあり方は一定ではなく、世の中の動きなどとともに変わり続けています。今回はこの変わりゆく音楽の問題を、さまざまな観点から学ぶセミナーを企画しました。

とりわけ関西学院大学神学部には日本基督教団讃美歌委員会委員長を務めておられる水野隆一先生がおられます。この大きな恵みなしには今回のセミナーはあり得ませんでした。古典的な教会音楽から先生ご自身の作詞された賛美歌までという多彩な音楽とともに、これからのキリスト教の音楽について深く学ばせていただき、二時間があっという間でした。

水野先生のご友人であられる日本聖書神学校教授の荒瀬牧彦先生には東京からお越しいただき、一日目の講演、二日目のパネルディスカッションを含めて全日程にご参加いただきました。世界の賛美歌創作の最前線をご紹介いただきつつ、ご自身でたくさんの賛美歌を創っておられる現状を、参加者も一緒に歌いながら体験させていただきました。

神学部長の中道基夫先生には宣教の観点から音楽について語っていただきました。いつもながらプレゼンテーションソフトを駆使したわかりやすく楽しい講演の様子を、このブックレットでは文字でしかお伝えできないのが残念です。

現場報告として、本学卒業生の柳本和良牧師に宣教の最前線における音楽の現状と試みについてお話しいただきました。終始笑いの絶えない楽しい語り口と深い内容は、出席者アンケートでも「ただただ素晴らしかったです」と大好評でした。

今回は大学院生たちにも授業での試みをもとに発表してもらいました。学生たちが多様な観点から礼拝を考えることができるのは、さまざまな教派・教団出身の学生が集まっている本学神学部ならではといえるでしょう。

また、講演された三名の先生方によるパネルディスカッションでは、お互いの講演へのコメントや、参加者からの質問への応答でパネリスト同士の話が盛り上がり、嬉しいことに司会者はあまりやることがありませんでした。

閉会礼拝は昨年に引き続き、井上智先生に礼拝を創っていただきました。自らギターも弾かれる井上先生は、ふだんは「仕方なく使う代替品」と思われがちなヒムプレーヤーまで駆使し、私たちの固定観念を超える興味深い礼拝を見せてくださいました。

折しもコロナ禍の波が日本にも押し寄せ始めた矢先でした。通常通りの形で開催することについてはまだ懸念が少ない時期ではあったものの（イベント開催の是非が取り沙汰されるようになったのは二月二〇日以降）、高齢者を中心に事前の出席申し込みを当日になってキャンセルする方が目立ち、前年よりも出席者は少なめでした。セミナー内の講演で賛美歌の著作権をめぐるお話もありましたが、その後の教会閉鎖に伴う礼拝配信において、著作権を侵害しない賛美歌演奏のあり方が問題になったことを思うと、図らずも情勢を先取りしたところのあるセミナーになったと言えるかもしれません。

今回も神学部補佐室の教務補佐の皆さん、および大学院神学研究科生の皆さんには、セミナー開催の実務とブックレット作成業務全般にわたりご活躍いただきました。ありがとうございます。また、ブックレット出版にご尽力いただいたキリスト新聞社の方々にも感謝申し上げます。

関西学院大学神学部　学外講座委員会

関西学院大学神学部ブックレット13
音楽と宣教と教会
第54回神学セミナー

2021年1月20日　第1版第1刷発行

編　者　関西学院大学神学部
著　者　水野隆一、荒瀬牧彦、柳本和良、
関西学院大学神学研究科1年生有志、中道基夫、加納和寛
発行所　株式会社　キリスト新聞社
〒162-0814 東京都新宿区新小川町 9-1
早稲田オフィス
〒169-0051　東京都新宿区西早稲田 2-3-18　AVACO ビル 6 階
電話 03(5579)2432
URL. http://www.kirishin.com
E-Mail. support@kirishin.com
印刷所　モリモト印刷株式会社

ISBN978-4-87395-786-9　C0016（日キ販）　Printed in Japan